フィリピン成長企業50社

ブレインワークス
アイキューブ 編著

カナリア書房

はじめに

今また東南アジアの国々の経済が熱気を帯びている。そんな東南アジアで活躍する企業を紹介する書籍シリーズ『ベトナム成長企業50社ホーチミン編』、『ミャンマー成長企業50社』、『ラオス成長企業50社』と発刊してきたが、今回はそのフィリピン版となる。

日本の国土面積の約8割の大きさ（29万9、４０４㎢）であるフィリピンは、貧しい国のイメージを抱かれがちだが、経済はここ5年で平均約5％の成長を遂げている。人口も現在進行形で増加中だ。２０１０年には7・6％と高い経済成長率を記録したが、その後世界同時不況の影響を受けてやや鈍化したものの、２０１２年には6・6％の成長率を実現した。他の東南アジア諸国と比較しても高い伸び率を見せており、経済が好調であることを見せている。

近年ではコールセンター事業でインドを抜き世界最大規模となっていることはよく知られている。ビジネス・プロセス・アウトソーシング（ＢＰＯ）産業を含めたサービス業が大きく成長（全就業人口の約53％が従事）しており、海外からフィリピンへの直接投資も過半を占めるといったように、ビジネスチャンスとしての存在感を世界に示しつつある。

そんなフィリピンの可能性を支える成長企業を紹介しながら、読者に新しいビジネスチャンスを掴むべく、その選択肢の一つを提供することが本書の狙いである。

フィリピンの総貿易額は輸出が４８３億ドル、輸入が６０４・9億ドル（２０１１年）。貿易相手国で見ると輸出第1位は日本（18・4％）で、その後にアメリカ（14・7％）、中国（12・9％）、シンガポール（8・9％）、香港（7・7％）と続く。輸入の第1位も日本（10・8％）で、同じく第1位のアメリカに続き、中国（10・1％）、シンガポール（8・1％）、韓国（7・3％）と並んでいる。

はじめに

電子・電気機器（半導体が大半を占める）、輸送用機器等が輸出の中心となり、主な輸入は原料・中間財（化学製品等の半加工品が大部分）、資本財（通信機器、電子機器等が大部分）、燃料（原油等）、消費財となる。

　このように貿易面で日本とフィリピンの関係性は深く、それに加えて人材の交流もさらに進もうとしている。本書では、すでにフィリピンで確固たる地位を築いている企業をはじめ、世界水準の専門的技術を備えた人材育成をフィリピン国内で成功させ、国内外でさらにビジネスの規模を拡大しようとしている有望企業や、地元の独自性を活かして経営を充実させている企業、海外からフィリピンに進出する企業のサポートをしているコンサルティング企業などを中心に紹介している。

　これから東南アジアビジネスに打って出るべきか検討されている皆様にとって、本書が新たなビジネスチャンスを掴むための材料の一つとなれば幸いである。

２０１４年７月

ブレインワークス
アイキューブ

目次

はじめに……2

フィリピンの成長企業紹介

コンピュータ・IT……8

アシスタジア　フィリピン／ギッツモ・ウェブ・ソルーションズ／Hallohallo／トップペグアニメーション&クリエイティブスタジオ／ツキデン　グローバル　ソリューションズ／Woodpecker Integrated Studio／YOYO PHILIPPINES

コンサルタント……36

ARANAS LAW／Dy Go and Company／ＲＨＣ／Ocampo & Manalo Law Firm／プライマリエッジ／ＣＥＦＩ／アイキューブ／ASAHI NETWORKS PHILS

人材……68

アクション／SPICEWORX CONSULTANCY／CCK City Network／iCareerup

製　造 …… 84
MATSUMOTO LED Lighting System／飯田通商／ＭＴＥＣ／
エア・ウォーター　フィリピン／ＮＰＰＣ／ＲＢＳＩ／中山製作所

建設・不動産 …… 112
DMCI Homes／ファースト　オリエント　デベロップメント　アンド　コンストラク
ションコーポレーション／アヤラ・ランド／Carmelray Development Corporation／
Century Properties／ファーストシーン・フィリピン／リマ　ランド／
Property 101, Incorporated／LAGUNA TECHNOPARK／ＳＰＰＩ／

農業・食品 …… 152
Kefseft／Shinsen Yasai／UNIFISH／ユニカセ・コーポレーション

語　学 …… 168
ストーリーシェア／アルー／American English Skills Development Center

その他 …… 180
フレンドシップツアー／カネパッケージ／MD Distripark Manila／
メトロポリタン銀行／RVJC Enterprises／ソルト・パヤタス／A.T.E Freights

フィリピンの成長企業紹介

企業名　**アシスタジア　フィリピン**

ゲーム・デジタルコンテンツのグラフィックを制作
厳選された現地スタッフで低価格ハイクォリティを実現

ASSISTASIA PHILIPPINES

企業概要

Assistasia Philippines Inc.は、代表の谷口篤士氏が家庭用ゲームソフトメーカーと海外勤務経験を活かして起業し、２００９年からゲームやデジタルコンテンツのグラフィックデータをフィリピンで制作している。

当初は日本人１人とフィリピン人スタッフが2人という小さな規模でスタートだった。翌年の２０１０年には、現地に駐在し直接指揮を取れるマネージャーの参画により環境が激変。フィリピンでの登記承認後から着々と規模を拡大している。仕事案件の増加に対応すべくオフィスを拡張し、スタッフも増員。現在も人材を求めている。

クライアントが満足できる品質を実現することと、ボリュームが大きな案件でも安定供給できるような強力な制作スタジオとなることを目指している。現在は家庭用ゲーム機や携帯電話用の素材は当然のことながら、パチンコやパチスロ用の映像制作、またWeb用素材まで幅広い実績がある。

代表である谷口篤士氏は、仮設住宅メーカーでＣＡＤオペレーター担当を経て、日本のゲームメーカーへと転職。デザイン部門の部署長やゲームプロデューサーを経て最終的には役員として経営に携わる。

その後、海外ＣＧプロダクションへ入社し、日系企業との違いを経験。その時に感じた違和感から自分ならではのスタイルを実現すべく一念発起してフィリピンへ進出。社名の由来でもあるアジア全体のアシストを実現する為に日々奮闘中である。

強みの秘密

デジタルコンテンツ業界の場合、営業部門と開発部門には大きな差がある。また、制作部門と経営部門にも大きな違いがある。「それら全部門を経験した私が日本でクライアントとの窓口を担当することで、案件相談を頂いてから即座に制作計画イメージをお答えすることが可能です」と語る谷口氏。

　その強みの秘密はその精度の高さとスピーディーな対応である。そして実際に案件を具現化するフィリピンの制作チーム。このチームを管理している人材も、日系ゲーム制作会社で10年以上の実務経験を持つプロフェッショナルだ。

　ディレクター経験もある彼が日本よりも人材を確保しやすいフィリピンでメンバーを厳選し、現地で直接スタッフを管理&育成することで、クォリティーを向上させている。その結果、多くの日本クライアントから高い評価を得ている。

　それらのクォリティーを兼ね備えたスタッフに業務にあたらせてもなお、日本で制作するよりも安いコストの実現を可能としている。

　フィリピンとマレーシアの2か国でオフショア開発拠点を持ち、日本クライアントの案件を主軸に経営。

業界としては、家庭用ゲームからスマートフォンなどの携帯電話コンテンツ、そしてパチンコやパチスロの映像制作実績もある。割合としてはまだ少量だが、他のアジア諸国からもＷｅｂ素材制作の依頼もある。

　日本のクライアントへの営業とフィリピンの制作チームを繋ぐ窓口というのが日本のアシスタジアの役目。そのライフラインとも言える日本側でも常に人材を集めている。

　今は色々な経験を積み重ね、様々な案件に対応できる制作チームの発展に注力している。そして日本国内市場での家庭用ゲーム市場が少しでも盛り上がることに期待が高まる。

　家庭用ゲームソフト市場は縮小しており、先行きを不安視する声もあるが、スマートフォンやＷｅｂゲーム市場の拡大によりゲーム制作の件数そのものが大きく減ることはないと確信する。作業内容は全く異なるが、もともと谷口氏が経験を積んできた業界であることからも、表現力や難易度が高い家庭用ゲーム機案件にチャレンジしていく。

　谷口氏は「どこの国でビジネスをするにも人次第。少しでも多くの選択肢と少しでも多くのチャンスを

手に入れる為には、とにかく人脈を広げるしかないと思っています。勝手がわからない海外でビジネスをするとなれば、その重要度が更に高まることは言うまでもありません。あとは沢山の情報から何が正しいのかを判断する力、つまり自分自身を磨きましょう！」と人と人とのつながりの大切さを強調する。

会社概要

会社名	: Assistasia Philippines Inc.
代表者名	: Atsushi Taniguchi
従業員数	: 20 人
資本金	: Php 581,000
会社設立日	: 2010 年 10 月 27 日
住所	: Suite 22C Level 22 Tower one Ayala Triangle, 6767 Ayala Ave. Makati City 1226 Philippines
TEL	: +63 2 846 2660
URL	: http://assistasia.com/
E-Mail	: atsushi@assistasia.com
担当	: 谷口 篤士
事業内容	: ソフトウェア及びデジタルコンテンツ、コンピューターグラフィック、パッケージデザインの企画、制作、開発及び販売

企業名　**ギッツモ・ウェブ・ソルーションズ**

ビジネスの多言語化・ウェブサイト制作
フィリピンＩＴ業界の総合商社

gitzmo
web solutions

企業概要

GITZMO WEB SOLUTIONS（ギッツモ・ウェブ・ソルーションズ）、通称「GITZMO（ギッツモ）」は２００４年に設立され、マカティ市に事務所を構える。現地の華僑系企業のサブ・ブランドとしてＩＴ関連機器の貿易販売を主に行っていた。２０１０年３月には主業務をインターネット関連事業にシフトする際に、フィリピン貿易産業省の認可を受けて事業登録する。『ウェブサイト制作部門』、『言語翻訳部門』、『デジタルデザイン部門』の業務３本柱において、ギッツモが求める高い技術を有する業者と業務提携を行い、顧客の要望に応えている。時には不可能とされる最高レベルの業務を遂行するため、あえて固定の技術者は雇用していない。ギッツモは顧客のビジネスを多言語化する「マルチリンガル・ソリューション・プロバイダー」である。

フィリピンIT業界の総合商社

代表の松浦氏は長野県生まれではあるが、幼少の時マニラ日本人学校、インターナショナルスクールを卒業するなどフィリピン滞在歴は長い。１９８８年、若干21歳で日系企業を対象とした各種事業支援業務を行う会社を起業し、主に翻訳・通訳、ダイレクトメールなどのマーケティング支援、印刷代行業務を提供した。

１９９１年に同地でＩＴ事業を主とする会社を起業した。常に斬新なアイデアを追い求め、特に近隣諸国を頻繁に訪問し、新たなビジネスの可能性を模索している。

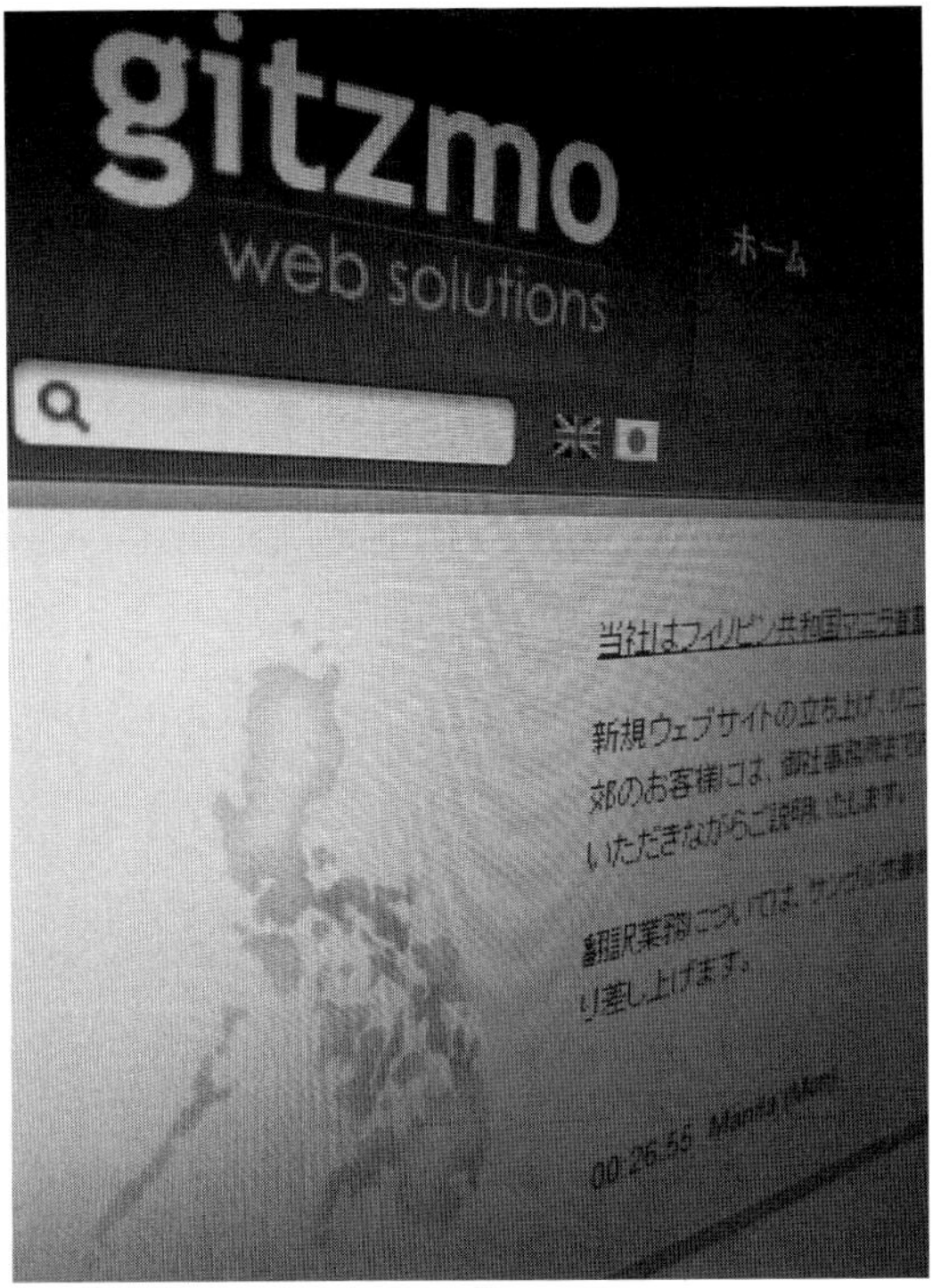

ギッツモは、現在、フィリピンに進出している日系企業を対象にサービスを提供している。ウェブサイトは新規製作からリニューアルまでを行い、ＣＭＳ（コンテンツ・マネジメント・システム）を採用することで、顧客が直接コンテンツの更新作業を行えるようになっている。従来の業者依存の体制から脱却することで、コスト削減につながるメリットを提供している。

翻訳・ローカライズ業務の一環としてウェブサイトの翻訳も行い、ウェブサイトを多言語化することによる新たな市場の開拓の支援を行っており、ローカライズサービスでは全体の主旨を考慮した上で、その言語を使う国や国民の社会文化

や風習を意識した翻訳を大切にしている。日本語と英語の他、韓国語にも対応。また、ビジネス文書等の翻訳業務も行っている。

ITアウトソーシング事業として、ソフトウェア開発、デジタル・デザイン、コールセンターのアウトソーシングの他、会議室や宴会施設のレンタルなど幅広いサービスを提供している。

GTIZMOが提供するサービスの特徴は次の3つ。

1．対応言語でのサポート

日本の顧客には日本人コンサルタントがプロジェクトの企画から完成までをサポート。企画会議や作業工程のレポートは、希望の言語（日本語または英語）で対応可能である。

2．日本風デザイン、欧米風デザインで対応

要望に応じて、日本人デザイナー、欧米のデザインを学んでいるフィリピン人デザイナーによる制作を提供。顧客のニーズに応じた対応が可能な点が強みだ。

3.「予算」と「希望」のバランス

フィリピンの業者の多くは、何よりもまず予算を確認する傾向にある。これでは希望に沿ったウェブサイトの制作が行われる保証がない。GTIZMOでは、まず顧客の希望に沿ったウェブサイト制作の見積もり額を提示し、その後で顧客の予算に応じた調整を行うスタイルを採用している。

創業者で代表を務める松浦氏は「ギッツモの代名詞は『フィリピンＩＴ業界の総合商社』です。フィリピンでは、優秀なフィリピン人技術者・デザイナーは、常により良い待遇を求めて転職するか、または在宅勤務を希望するケースが多いです。このような傾向は、業者が安定した技術を維持できなくなる問題に直結します。そのため業界内でも、優秀な開発会社やデザイン会社が挙がらない現状を受け、ギッツモは多様な業者と業務提携を結ぶことで、顧客に臨機応変に対応しています」と語る。このようなスタイルを採っていることによって、同社の未来に様々な可能性が秘められているといえよう。

会社概要

会社名	：GITZMO Web Solutions
代表者名	：Atsushi Matsuura ／ Stephanie Tan Lo
従業員数	：3名
会社設立日	：2010年3月1日
住所	：Unit 2102, Citadel Inn Makati, 5007 P.Burgos St., Makati City
TEL	：+63 2 7823667
FAX	：+63 2 8992219
URL	：http://www.gitzmo.com
E-Mail	：webmaster@gitzmo.com
事業内容	：多言語ウェブサイト制作及びローカライゼーション ビジネス文書翻訳・英文添削 グラフィックデザイン・印刷、進出支援サービス、オフショア開発、BPO支援

企業名　**Hallohallo**

フィリピン最大のネットショッピングサイト"Hallo Hallo Mall"を運営
IT企業ならではの確かな安全性を提供

Communicating Ideas.

Hallohallo Inc.

企業概要

Hallohallo Inc.は2010年10月に設立されたIT企業である。フィリピン最大、かつ安全性の最も高いインターネットショッピングサイト"Hallo Hallo Mall"を運営。最高経営責任者は日本人である。現在7000店が出店、200000アイテムが掲載。使い勝手の良さ、幅広い品揃え、安さ、豊富な情報量には定評がある。IT企業だからこそ、ネットショッピングで不安視される安全性にも万全に対応できている。

また、同サイトはショッピングだけでなく、気軽に出店もできるようにもなっている。購入者と出店者の間に入り、管理・サポートしてくれるため、トラブルの心配も無用となる。

その他、ポイント制の導入などにも工夫が盛りだくさんだ。IT技術と自由な発想を駆使した同インターネットショッピングサイトにメディア等からも注目が集まっている。

画期的な工夫が盛りだくさん　安全性も万全

フィリピンでも年々インターネットユーザーが増えている。２０１０年の段階で２９７０万人（フィリピンの人口の約３人に１人）のインターネットユーザーが国内に存在する。そこに目を付けたのがHallohallo Inc.だ。島国であるフィリピンにとって、出掛けないでショッピングができることはありがたい。24時間３６５日無休、幅広い品揃え、簡単なポイント管理等々インターネットの強みを最大限活かしたモールがHallo Hallo Mallだ。

使い方も簡単。瞬時に欲しい商品を見つけられ、購入やお気に入りの登録など操作方法もわかりやすく指示してくれる。商品は〝ワード〟、〝カテゴリー〟、〝値段〟、〝メーカー〟、〝サイズ〟で検索できる。

また、検索履歴や購入履歴、お気に入りのアイテムやショップの登録・閲覧もできるため、欲しい商品をいち早く見つけられるという訳だ。また、新製品、人気商品、オススメ商品などのトップ２４０をチェックできるようにもなっている。

Hallo Hallo Mallは便利なだけでなく、幅広い品揃え、安さ、豊富な情報量が特徴だ。ベビー用品から電化製品、食べ物、インテリア、美容と健康、ビジネス、スポーツ、

旅行やアウトドア、おもちゃ、趣味、映画、音楽、ゲーム、本、芸術に至るまで、様々なカテゴリーを網羅し、ユニークで最新のアイテムが揃っている。

また、一つ一つの商品に関して、色やオプション、サイズ、値段、消費税、送料等あらゆる情報を確認できる。もちろんポイント制も導入しており、購入金額に応じてポイントが貯まり、1ポイント1ペソとして利用できる。フィリピンで急速に利用者が増えているfacebookと連動したり、ゲームでポイントを稼げるようにしたりと、工夫が盛りだくさんだ。

インターネット上のショッピングで一番不安視されるのが安全性だろう。HallohalloはＩＴ企業であり、インターネットのシステムの専門家が集まっており、最新のセキュリティーシステムを導入し、クレジットカードの情報はもちろん、その他の個人情報も確実に守っている。

同サイトはショッピングだけではなく出店も気軽にできる。登録料・初期費用・固定の年会費は無料。商品が売れたらその5%のみHallohalloに支払えばいいので、万が一売れなくてもリスクがない。

また、無料で商品のレイアウトのデザインをしてくれる等、インターネットにショップを設ける企業にはなんとも心強い。

出店者の心配には、購入者とのトラブルがある。同サイトは購入者の支払い遅れなどを防ぐため、ショップのオーナーと購入者の間に入ってスムーズなやりとりを助けるシステムになっている。商品のやりとりの場を設けるだけでなく、管理・サポートまでしっかりしてくれるので安心だ。

同サイトのプロモーション活動を始めた途端、最初のひと月で１０００以上のショップが出店、その後もそれを上回る勢いで増え続けている。テレビや新聞、雑誌など、あらゆるメディアで取り上げられ、その知名度は確実に高まっている。２０１５年２月までに１６０００店のオープンを目指しており、その勢いは止まらない。

会社概要

会社名	: Hallohallo Inc.
代表者名	: Yasunari Okada
従業員数	: 110 名
資本金	: 約 1 億 2500 万ペソ
会社設立日	: 2010 年 10 月 1 日
住所	: 11F Tower 1, The Enterprise Center, 6766 Ayala Av. Makati 1220 Philippines
TEL	: +63-2-810-1500
FAX	: +63-2-556-3333
URL	: www.hallohallomall.com
E-Mail	: info@hallohallo.ph
担当	: 岡田
事業内容	: インターネットショッピングモール

企業名　**トップペグアニメーション&クリエイティブスタジオ**

世界各国にクライアントを持つアニメ制作会社
常に最高峰の地点に印を残していく

企業概要

Top Peg Animation & Creative Studio Inc. は１９６６年11月に設立され、フィリピン・アニメーション協議会（ＡＣＰ）、フィリピン政府が支援する業界団体の先駆者、かつ立役者の一つとして知られている。主に、アニメーション、２Ｄ・３Ｄのコンピュータグラフィック製品、クリエイティブアート、デザインやコンセプトを提供している。近年はアニメーションゲーム、ｅラーニングやオーディオビジュアルプレゼンテーションにも着手。従来のエフェクト&ピクセルアートアニメーションに代わり、ゲームにも３Ｄを採用する。

また、ＡＣＰの研修プログラムのカリキュラム作成の主導や、ワークショップ、セミナー開催も行ってきた。

米国、カナダ、イタリア、フランス、グアム、日本、シンガポール、マレーシア、英国といった世界各国のクライアントを保有する。

フィリピンのアニメーション産業の先駆者・立役者

〝TOP PEG〟という社名の〝TOP〟は〝最高峰〟を、〝PEG〟はアニメーション用語で〝印〟を意味している。〝TOP PEG〟には作品やサービスの品質向上を追求し、「常に最高峰の地点に印を残していく」という創始者が掲げた目標が込められている。

Top Peg Animation & Creative Studio Inc. は、絵コンテ、キャラクター・小道具デザイン、２Ｄ・３Ｄアニメーション、デジタルインクによるペイント等を提供している。またオーディオビジュアルプレゼンテーション、ウェブ・テレビＣＭ、ＣＤインタラクティブゲームやマルチメディアの編集・合成にフラッシュアニメーションや３Ｄ機能を導入するサービスの提供にも着手している。

過去には米国の有名なアニメ〝Happily Ever After〟、〝１０１匹わんちゃん〟、〝Mouseworks〟、〝ヘラクレス・テレビシリーズ〟、〝ターザン〟等を手掛けた。

米国の他には、Trickompany（ドイツ）の〝キャプテンブルーベア〟、D'OCON（スペイン）の〝Capt. Fracasse〟、マレーシアの〝Silat Legenda〟、フェニックスの〝Mumfie〟、カナダの〝Monstories〟、バミューダの〝Kiesha〟といった作品を世界の様々な制作会社と協働で製作してきた。また、東映のアニメの一部のシーンを担当したほか、日本企業のウェブ製作にフラッシュアニメーションを提供してきた実績もある。

国内では、子ども向けのローカルテレビアニメ、〝Tutubi パトロール〟（トンボパトロール）を独自

に制作。また、世界でも公開された〝ジョベール〟という作品を共同制作した。

近年では〝Batman the brave and the bold〟をはじめとしたアニメーションゲームにも挑戦している。

社長は同社の強みについて次のように話す。

「西洋と日本の制作スタイルは大きく異なります。西洋はとても垂直的でスタッフが分業して制作しています。一方、日本は、水平的で、一人でいくつもの過程を担当します。当社の強みは、西洋と日本の制作スタイルをどちらも理解し柔軟に活用している点にあります」

そのように語る現社長、Grace Dimaranan 氏は、サント・トマス大学で美術を学び、卒業後、マニラの複数の大手アニメーション制作会社で経験を積んできた。ディズニーやカートゥーンネットワーク、ワーナーブラザーズ、東映などの下請けプロジェクトにも取り組んできた経歴を持つ。

またトップペグは、隠れた才能を発見し、育成するために、企業内外を問わず、潜在能力を持つアーティストの養成に力を入れている。デラサール大学のように、アニメーションの学位を与える大学や専門学校が近年現れているにもかかわらず、アニメーターがいざ就職しても即戦力にはならず、定期的に実践的な研修を受ける必要

があるのが現状だ。

トップペグはこのようなニーズに目を付け、ＡＣＰのためのカリキュラム開発に尽力してきた。また、ＡＣＰとは別に、描画・アニメーションを学べる定期的なワークショップ、セミナーを開催している。

日本市場でも通用する技術を持つトップペグは、創造と協働の双方に力を入れている。今後もパートナーシップ構築に積極的に取り組んでいく方針だ。

会社概要

会社名	：Top Peg Animation & Creative Studio Inc.
代表者名	：Grace A. Dimaranan
従業員数	：50 名
資本金	：US $ 50,000
会社設立日	：1996 年 11 月 11 日
住所	：#08 Sunflower street, Sector 10, Manuela 1 Subdivision, Pamplona III, Las Pinas City 1740 Manila, Phils.
TEL	：（632）8711590 携帯電話 +63 9173302488
URL	：www.toppeganimation.com
E-Mail	：gdimaranan@gmail.com ／ gracedimaranan@yahoo.com
担当	：Grace A. Dimaranan
事業内容	：アニメーション制作、2D・3D アニメーションゲーム、デザイン、AVPs、e- ラーニング、研修＆セミナー開催

企業名　**ツキデン　グローバル　ソリューションズ**

フィリピンでのオフショアソフトウエア開発のパイオニア
大手キャリア向け通信システム、及び車載用ファームウェアの開発

TSUKIDEN GLOBAL SOLUTIONS INC.

企業概要

１９９０年に月電ソフトウエア株式会社の子会社としてTsukiden Software Philippines, Inc として設立。以来23年間フィリピンでのオフショアソフトウエア開発のパイオニアとしてソフトウエア開発を継続している。設立当初は小規模なファームウエア開発を足がかりにオフショア開発のノウハウを蓄積し、業務アプリケーションの開発、通信負荷試験用のプロトコル疑似システム等を経て現在は品質条件の非常に厳しい大手キャリア向け通信システム、及び車載用ファームウェアの開発を実施できるまで業務を拡大。２０１０年にTsukiden Global Solutions, Inc として改名し、２０１３年現在、フィリピン首都メトロマニラにて従業員３５０名の体制を築く。

フィリピンでのオフショアソフトウエア開発のパイオニア

ツキデン　グローバル　ソリューションズでは通信・業務・品質保証・ファームウェア、各分野での日本国内ソフトウエア開発関連業務に加え、顧客の業務についてオフショアへの移行を提案・実施するブリッジソリューションを提供。海外でソフトウエア開発を継続する上で様々な障害を乗り越え問題を解決し、知識と技術の23年の実績がある。

マニラオフィスにはブリッジＳＥが常駐しており、顧客と現地エンジニアとの間に立ち、海外リソースを使う上で避けて通れないギャップ（言葉、価値観、品質）を解消する体制を構築している。日本とフィリピンでの開発業務経験者のブリッジＳＥがオフショアのプロとしてプロジェクトを推進。また、親会社である月電ソフトウエアより日本人ＳＥを顧客のオフィスに派遣し、対象業務の評価、切り出し、プロセス構築を実施することでオフショア未経験でも開発をスムーズに実施する。中国やインドのＩＴ企業では大幅な追加コストが発生する仕様変更について比較的柔軟に対応している。また、顧客構内に日本人ＳＥを派遣することでオフショア開発が可能な状態まで要件・仕様の明確化を実施。仕様変更や誤実装による後戻りコストの最小化も可能とする。

日本企業・現地日系企業の支援実績は、日本の通信キャリア様向けサーバシステム、車載システムの品質検査業務、生産管理アプリケーション、人事管理アプリケーション、各種業務系

ｗｅｂアプリケーション、各種ファームウェア・ドライバの開発等。主な取引先はDENSO、HITACHI、HOYA、NEC、TERUMO、YAMAHA等、確かな技術と実績が伺える。

顧客中心のサービス提供

顧客とのコミュニケーションギャップを発生させないことを最も重視し、不明確な点については必ず確認を実施。週1～2度、場合によっては毎日オンラインミーティングを顧客とリアルタイムに行い状況を把握。作業内容や優先順位、遅延について常に微調整を繰り返し実施することで、意思疎通の齟齬による大きな後戻りが発生しないよう細心の注意を払っている。

特にオフショア開発未経験企業にとっては、ローカル企業のオフショア開発よりもコストが掛かるように見えるが、仕様の誤解による後戻り工数や障害対応等のコストを考慮すると日本人ブリッジＳＥを介在させた方が最終的には低コストになる場合が多く存在する。開発知識・英語力の両方に秀でている人材の確保が困難な点や、滞在コストを差し引いても日本人ＢＳＥをオフショアに滞在させることがオフショア開発に慣れていない企業の開発を成功させる秘訣となる。

すでにオフショアでの開発経験企業に対しては、日本人を介さない開発を実施することで、コストをより低減する等の顧客ニーズに合わせて柔軟に対応している。

これからの試み

フィリピンでのオフショア開発のパイオニアとして、今まで継続してきた経験を生かしつつ、より多くの顧客を獲得を目指していく。多くの分野で貢献できるよう常に新しい顧客への提案や新しい分野への挑戦を続ける。フィリピンのオフショア企業No1、最高のブリッジソリューションを提供するOnlyOneと胸を張って言えるように益々の努力を続けながら高い志を掲げている。

会社概要

会社名	: Tsukiden Global Solutions, Inc
代表者名	: 半澤　次郎
従業員数	: 350 人
資本金	: PhP 15,000,000-
会社設立日	: 1990/5/29
本社住所	: Unit 2102 One Corporate Center, Dona Julia Vargas Avenue corner Meralco Avenue, Ortigas Center, Pasig City, Philippines 1605
TEL	: (632) 477-8474
FAX	: (632) 477-6643
URL	: http://www.tspi.com.ph
E-Mail	: mwarikai@tspi.com.ph
担当者	: 割貝　匡範（わりかい　まさのり）
事業内容	: 通信・業務・品質保証・ファームウェアのオフショア開発業務に加え、ソフトウエア開発関連業務のオフショア移行を提案・実施

企業名 **Woodpecker Integrated Studio, Inc.**

コンセプト開発からアニメ・CG制作など包括的なサービスを提供
フィリピンでは作品を目にしない日がないほど定着

企業概要

Woodpecker Integrated Studio, Inc. は、Alan L. Magtoto 氏によって2001年に設立され、マカティに事務所を構える。エンターテイメント産業（特にアニメーション・CG分野）、広告、企業のオーディオ・ビジュアルプレゼンテーションにおけるCGの需要の高まりに応えることを目的に事業をスタートした。

コンセプト開発から材料選び、放映や印刷に至るまで包括的なサービスを提供しているところが特徴といえる。広告、放送、エンターテイメント産業はもちろん、教育産業や小売業の顧客まで、幅広い産業の発展に貢献している。媒体も様々で、エピソードテレビ、テレビコマーシャル、ビデオ、ウェブ、長編映画等の作品を製作。時代の流れに合わせ、新たにブランド・イベント・アクティベーションに挑戦する等、柔軟な事業展開が同社の成長を後押ししている。

ニッチ市場開拓が成功の鍵

Woodpecker Integrated Studio, Inc. の事務所では、プロのアニメーター、技術者が一台一台のコンピュータに向かって真剣に制作業務に取り組んでいる。次々と色鮮やかなキャラクター等が描き出され、アニメーションをこよなく愛するスタッフたちが活躍している。

代表の Magtoto 氏は、フィリピンアニメーションスタジオ社とオプティマ・デジタル社の仕事にも携わりながら、20年以上に渡ってフィリピンのアニメーション・コンピュータ産業で活躍してきた。彼は広告のためのアニメーション・コンピュータグラフィックス（ＣＧ）を提供する独立したサービス・プロバイダーとして同社を設立し、着実に業界内の注目を集めてきた。地道な努力によって同産業界の地位を確立してきたのである。

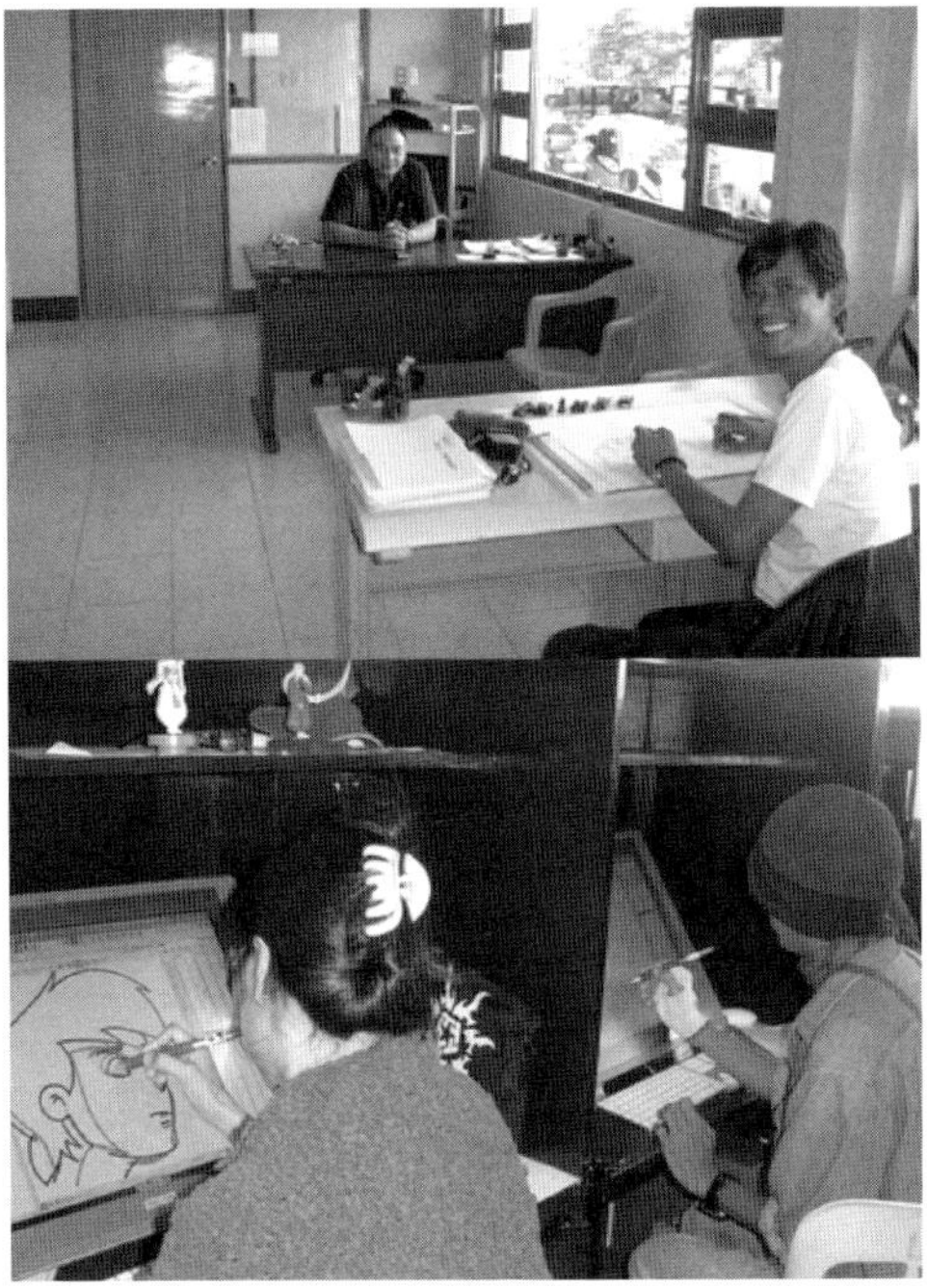

Woodpecker の現在の具体的な業務内容は、コンセプト開発、アニマティック（プリビジュアライゼーション）、ストーリーボードの生産、ライブ製作と運営、ＣＧ、ビジュアルエフェクト、２Ｄ・３Ｄアニメーション、合成やノンリニア編集、インタラクティブなデジタルコンテンツとゲーム開発、ブランド・イベント・アクティベーションである。

コンセプト開発（デジタルと従来のものの両方）からインタラクティブなコンテンツやゲームに至るまでの開発・製作、それに付随する様々なサービスを提供している。

フィリピンの有名なフード・チェーン店、ジョリビーの子ども向けのアニメ「ジョリタウン」は、ライブ・アクション、アニメーション・CG、ビジュアル効果を融合させた作品だ。また、フィリピン航空において、乗客に注意事項等を案内する映像はライブ作品とビジュアル効果を組み合わせて製作されている。テレビコマーシャル等でも引っ張りだこの状況だ。

フィリピンに滞在したら、Woodpeckerの作品を目にしない日はないと言っても過言ではない。カナダやアメリカ等を中心に海外からの受注経験もあり、アメリカの人気ドラマ「Prison Break」のCGにもかかわった経験がある。

同社は技術の進歩や世間のニーズに合わせて提供するサービスを発展させてきた。インタラクティブなデジタルコンテンツやゲームも、後から追加された分野である。

Woodpeckerの事業を支えるスタッフたちの情熱は、作品制作だけに向いている訳ではない。ローカル広告や企業の市場におけるニッチな分野を見つけ出し、ビジネスチャンスにすることにも積極的だ。実際、ライブ制作と運営にも着手したことでより多

Woodpecker Integrated Studio, Inc.

くの顧客を獲得することになった。ブランド・イベント・アクティベーションにも挑戦する等、勢いは止まらない。
その姿勢こそが同社を着実に成長させ、手軽な価格帯のサービスを提供する同業他社の中でも大きな存在感を維持するための鍵となっている。品質を落とすことなく、その顧客数を確実に増やし、成長を続けている。
これからも新たな分野への挑戦を怠らず、時代の流れに合わせて業務内容を展開させ、活躍の場を広げていくことだろう。

会社概要

会社名	：Woodpecker Integrated Studio, Inc.
代表者名	：Alan L. Magtoto
会社設立日	：2001 年
住所	：Upper Penthouse, Eurovilla II, 118 V.A. Rufino St. Legaspi Village, Makati City 1229 Philippines
TEL	：(632) 893-7496
FAX	：(632) 893-7496
URL	：http://www.woodpeckerstudio.com/
E-Mail	：alan.magtoto@woodpeckerstudio.com
担当	：Alan Magtoto
事業内容	：コンセプト開発、コンピュータグラフィックス、2D・3D アニメーション、ブランド・イベント・アクティベーション等

企業名 **YOYO PHILIPPINES, INC.**

SMSリワード広告サービス「Candy」を展開
モバイルを介したマーケティング支援事業

企業概要

YOYO PHILIPPINES, INC. はシンガポール法人 YOYO HOLDINGS PTE. LTD. の子会社として、フィリピン国内へのモバイルを介したマーケティング支援事業を展開する。「世界の貧困問題を解決するビジネスを創る」という理念を掲げ、株式会社ディー・エヌ・エーの出身者2名によって創業。現在はメトロ・マニラ、マカティ市の中心部にある日系インキュベーションオフィス「CROOSCOOP」内に事務所を構え、SMSリワードサービス「Candy」の開発・運用を中心に、主にフィリピン都市部の中流階級以下のユーザーを対象とした広告事業、マーケティング・リサーチ事業を行なっている。

世界の貧困問題を解決するビジネスを創る

フィリピンの２０１２年の実質ＧＤＰは前年比６・６％プラスの高成長を記録し、インドネシアの６・２％やタイの６・４％を上回り、マレーシア、ベトナムを含めたＡＳＥＡＮ主要５ヵ国の中で最も高い成長率となった。そのことを象徴するように近年になって新規参入企業が相次いで参入している。

とはいえ、新興国への新規参入は容易ではない。たとえばトイレタリー・グローサリー市場では商品の入れ替えがほとんどなく、スーパーに足を運んでも大手グローバルメーカーが商品棚を独占しており、市場に競争が生まれにくい構造となっている。そのため、フィリピン市場で新規参入するためには、いかに商品の認知度を垂直的に高めるかが最初の課題となる。

一方で、現在フィリピンの携帯電話普及率は93％にまで広がっており、日常的に通話やショートメッセージサービス（ＳＭＳ）を利用しており、特にＳＭＳに関しては世界ナンバーワンの送受信量となっている。「プリペイド携帯」と呼ばれる利用料金を事前にＳＩＭカードに追加してから通話やＳＭＳを行う形式が主流となっており、フィリピンでは至る所でプリペイド料金「ロード」を購入できる店舗が見られる。

また、日本と異なり、フィリピンで

は携帯電話からインターネットに接続することはまだ一般的ではないのが現状である。

そんなフィリピンの携帯事情に着目し、YOYO PHILIPPINES, INC.では、SMSリワード広告サービス「Candy」を展開している。「Candy」はフィリピン国内の非インターネット環境にいるモバイルユーザーを対象顧客としており、ユーザーにプリペイド料金「ロード」を無償で配布することを対価として、広告主の伝えたいメッセージをより多くのユーザーに確実に届けることを可能にしたサービスである。

実際のサービスを開始してからわずか3週間で累計会員が3万人に到達するなど目覚ましい動きを見せている。広告主はCandyを通じてユーザーに広告メッセージとロードを付与することができる等、他媒体では得られない認知度の向上とロイヤリティの醸成を行うことができる。

テレビCM、ラジオ、新聞といったマス広告はすでに市場で優位に立っている事業者によって占められており、新規参入者がマス広告を購入してもそこで存在感を出すことは相応の費用がかかる。Yoyoのサービス「Candy」はユーザーの性別、地域、年齢などを絞ってスモールスタートすることができるのが魅力の一つであり、また成果報酬型の広告商品であるため、明確な費用対効果で無駄なくプロモーションすることが可能である等、フィリピンマーケットへの参入やそのための独自調査を行う予定のある法人には魅力的なオプションである。

　創立者の深田氏は「日本のモバイルサービスはその独自な進化から〝ガラパゴス化〟と呼ばれているが、事実、フィリピンのモバイル事情と日本とでは全く異なっています。私たち創業者2名は日本のモバイル事業をリードしてきた企業の出身者ということもあり、フィーチャーフォン・スマートフォンが社会にもたらす影響の大きさを日々体験してきました。ここフィリピンにおいて日本で培ったモバイルサービスに対する知見、技術を活かし、まだ発展途上であるフィリピンのモバイルマーケットをより活性化させていき、日本企業のフィリピン進出に尽力したく思います。」とフィリピンにおけるモバイル市場への熱い思いを語る。

会社概要

会社名	：YOYO PHILIPPINES, INC.
代表者名	：深田　洋輔
従業員数	：３名
資本金	：100 万ペソ
住所	：23/F GT TOWER INTERNATIONAL AYALA AVE. COR. H.V. DELA COSTA ST. MAKATI CITY
TEL	：02-464-7103
URL	：http://yoyo-holdings.com
E-Mail	：info@yoyo-holdings.com
担当	：深田　洋輔
事業内容	：IT サービス事業 モバイルソリューション事業 BOP ビジネス事業

企業名　**ARANAS LAW OFFICES**

日系多国籍企業のニーズに応える税務法律事務所
税務とビジネスアドバイザリー分野に特化

ARANAS LAW
ADVOCATES OF EXCELLENCE

企業概要

顧客の問題に従来の対応しかしない弁護士法人ではなく、もっとダイナミックなソリューションを提供したいことを目指し、Aranas Law は10年前に創設。以来、マカティの商業地区の中心部に事務所を構え、税務とビジネスアドバイザリーの分野に特化した質の高いサービスを提供している。フィリピンにおいて、主に日系多国籍企業のニーズに応える税務法律事務所として信頼を勝ち取って成長した。

対象としてきた産業はエレクトロニクス、建設、物流、商社、製造業など多岐に渡る。また、フィリピン初で唯一のオフショアの法務代行サービスを行う「リーガル・プロセス・アウトソーシング」（LPO）会社も運営。主に、香港顧客をベースにこのLPO会社は世界中の顧客にパラリーガル業務、訴訟支援、コーポレート／ビジネス・サポートを提供する。アジアベースのLPOとしては初の社内法務部業界（in-house legal market）の参入に成功した。

税務の第一人者

Aranas Law は、税務諮問や税務アドボカシーを専門とし、電子、建設、製造からトレーディングまで幅広い産業の日系企業にサービスを提供している。

フィリピンの税関と税務署における税還付証書（TCC）の払い戻しプロセスのJICA調査団の一員として参加。その結果としてフィリピン政府は2012年から税還付は現金のみで実施し、税還付証書(TCC)を段階的に廃止する方針等、フィリピン国内の日系企業界において、税務面での関わりは深い。

そのサービスは多岐に渡り、税務およびトランザクションサービスの他に一般アドバイザリーおよび税務計画、不動産およびウェルス・プランニング、報酬計画、税務コンプライアンスのレビュー、税務アドボカシー、移転価格、関税援助局、税務セミナー、入国管理サポートなども行っている。

名だたる日系企業を顧客に持つ

日本の顧客例としては、エプソン、富士フイルム、日立グローバルストレージテクノロジーズ、ハウス・テクノロジーズ、伊藤忠商事マニラ支店、鹿島建設、Kedica、K-ラインロジスティックス、KOJM合弁会社、NEC Topan Circuits ソリューションフィリピン、日本電産、ローム・エレクトロニクス・フィリピン、ローム・メカテックフ、三井住友建設、大成建設アジア・プラン、TDK富士通、トーヨー建設、ヤマハ・モーター等。

ＬＰＯ（Legal Process Outsourcing）のパイオニア

また、同社はＬＰＯのパイオニアでもある。２０１０年にフィリピンはインドを抜いてビジネス・プロセス・アウトソーシング業界のトップの座に立った。法律の分野でもサービスのグローバル化が進み、ＬＰＯ業界が成長している。当社が経営しているLPO Manilaは、アジアベースの企業ではＬＰＯ参入の先駆けの一社であり、フィリピン初で唯一のオフショアの法務代行サービスを行う「リーガル・プロセス・アウトソーシング」（ＬＰＯ）会社である。経験豊富な国際弁護士が運営している。主な顧客は香港の企業で、「LPO Manilaは、知的で、効率的、かつ効果的なオフショア開発のＬＰＯとＫＰＯソリューションを、法人弁護士、法律事務所、世界中の顧客に提供している。

インドは世界のＬＰＯ産業のハブとしての地位を確立しているが、フィリピンは英語力の高さ、アメリカの慣習法を熟知している点、弁護士費用の安さの面でムンバイやデリーよりも優れている。

多様なサービスを提供

LPO Manilaのサービスの一部を紹介すると、①一般法パラリーガル業務：全ての法的手続に不可欠である情報の収集と整理、②訴訟サポート：主に法的調査と法的文書の草案作成。これらのサービスは、訴訟や法的約款の出版準備には不可欠、③企業／ビジネス支援：一部のアプリケーションや業務プロセスに対する支援、④法務関連報告用の企業活動の記録：ファイリング、議事録、⑤ナレッジサービス：調査、編集、法律翻訳、⑥商業交渉や商業文書：契約書等。

代表のアラナス氏は「フィリピン市場はまだ新しく、それ故に小さい。しかし、それは長くは続かないだろう。フィリピンは現在、英語のコールセンター業界でトップに君臨しており、当社はＬＰＯにおいても、その座を狙っている」と抱負を語る。

会社概要

会社名	: ARANAS LAW OFFICES
代表者名	: JESUS CLINT O. ARANAS
従業員数	: 20 名
会社設立日	: 2003 年 4 月 4 日
本社	: Ground Floor Le Metropole Building, 326 De La Costa Street corner Tordesillas Street,Salcedo Village, Makati City, Philippines
TEL	: (63-2) 817-9704 to 07
FAX	: (63-2) 894-5806
URL	: www.aranaslaw.com http://www.lpomanila.com/
E-Mail	: inquiries@aranaslaw.com; aranas@aranaslaw.com
担当	: JESUS CLINT O. ARANAS
事業内容	: 弁護士業；税務諮問、税務アドボカシー、および法人向けサービス

企業名　**Dy Go and Company**

日本企業のフィリピン進出に大きく貢献　豊富な知識と、実践的なビジネス経験を存分に活用

企業概要

Dy Go and Companyは2003年8月18日にフィリピン証券取引所（SEC）委員会に登録。個人、団体、企業、組合、共同経営体等に対してコンサルティングや、専門的な技術サービス、顧問サービス、認証サービスを提供している。具体的には、会計・監査、税務控訴裁判（独立した公認会計士が担当）、ビジネス・プロセスの改善、デューデリジェンス・レビュー、コンプライアンスレビューを専門とする。

2003年11月に会計委員会によって法人として認定され、数十社しかない公開企業のための監査法人としてSECからグループAの認定を受領。事務所をマカティ市に構え、現在15名のスタッフが顧客のビジネスの成功に貢献すべく尽力している。

日本企業に対してサービスを提供してきた経験もあり、顧客に対して個別具体的な対応をしてくれるところが同社の魅力となる。

柔軟な対応を可能にする豊富な知識と経験

Dy Go and Company 代表のピーター・サントス氏は、まずマニラのサント・トーマス大学で会計学の学位（学士）を取得し、その後フィリピン会計委員会が実施している公認会計士免許試験に合格した。サントス氏は内部および法定監査、デューデリジェンス・レビュー、ビジネス・プロセスの改善などの数々の事業に携わってきた経験を持つ。

２００３年11月に同社を正式に設立。14名の優秀なスタッフと共に、サービスの向上に努めている。同社は、コンプライアンス、レビュー、監査などの従来の会計サービスを完全に網羅した事業を行っているが、それらを完璧にこなすのは会計・監査法人としては当たり前のことでもある。同社の本当の価値は、それを越えたところにあり、単に財務諸表を作成するだけではなく、顧客の置かれている状況を分析し、ビジネス上の重要な意思決定を行うために、必要な正確かつ公平な情報を提供している。その企業が世の中のビジネスの動向に合った事業を行えているか、企業内部の期待や思惑だけでなく、他社の同じような事業と比較しながら分析を行っている。

顧客が戦略を練ったり、人材を整備したりする際に重要な役割を果たしてきたDy Go and Companyの豊富な経験から生み出される付加価値のあるサービスは、これから企業が事業の目標を達成する心強い助けとなってくれることだろう。同社は顧客の成功へのプロセスに重要な役割を果たし続けることを重視しており、常に努力を怠らない。

様々な業界における豊富な知識と、実践的なビジネス経験を存分に活用し、それぞれの顧客の要求に合うようサービスをカスタマイズして提供することで、顧客が目的を達成することに貢献している。

個別具体的できめ細やかな対応

Dy Go and Company は、日本企業に対してもサービスを提供し、日本企業のフィリピン進出に大きな貢献をしてきた。他国系の企業に対するサービスを提供するには、他国のビジネスの在り方等、様々な背景知識が必要となる。あくまで自国のやり方を貫くことで誤解が生じ、うまくいかないということが往々にして起こる。しかし、同社が日本企業に対しても貢献してきたという事実は、同社がそれまでにどんな顧客に対しても個別具体的で、きめ細かな対応をしてきたことを裏付けている。その柔軟性が、日本企業相手にも発揮されることになった。

現在、世界をはじめ、フィリピンでも、ビジネスの在り方は急速に変わり続けている。特に、成長目覚ましいフィリピンではその変化が顕著だ。

企業がその変化についていく、もしくはその先を行くためにも同社のような、豊富な経験に裏打ちされた柔軟性に優れた会計・監査法人の存在価値は高まってくることだろう。従来通りの業務を越えて活躍する勇姿に期待は高まるばかりだ。

多様なサービスで日系企業のフィリピン進出をサポート

ここ数年、日本からフィリピンへの投資に変化が見え始め、フィリピンに進出あるいは関心を寄せる日経企業が再び増え始めている。

地場企業とパートナーを組んでの投資、国内市場を狙った投資、日本の中小企業進出支援を目指した日本の銀行とフィリピンの地場銀行との連携など、今までと少し違った動きも出始めている。

そういった動きに対応し、日系企業のハイレベルなニーズを満たすべく、同社は会計・監査のほか、税務控訴裁判、ビジネス・プロセスの改善、デューデリジェンス・レビュー、コンプライアンスレビューなど多様なサービスを提供している。

常に顧客・パートナー目線でのきめ細かいサービスを提供することをモットーとし、より良いビジネス環境の構築、より良い未来になるようサポートしていきたいと熱意を示している。

これからフィリピンへの進出や投資を考えている企業は、Dy Go and Company の豊富な経験と実績と駆使したサービスを受けることで、成功を手に入れることにつながるのではないだろうか。

会社概要

会社名	: DY GO AND COMPANY
代表者名	: Peter Santos
従業員数	: 15 名
資本金	: 120,000
会社設立日	: 2003 年 8 月 18 日
住所	: 3rd Floor Saville Building 8728 Paseo de Roxas corner Sen. Gil Puyat Ave. Makati City Philippines
TEL	: (632) 899-46-64 (632) 899-46-71
FAX	: (632) 899-36-73
E-Mail	: richard.d.go@dgf.com.ph
担当	: Richard Go
事業内容	: 会計・監査、税務控訴裁判、ビジネス・プロセスの改善、デューデリジェンス・レビュー、コンプライアンスレビュー

企業名　International Chamber of Commerce Retirement & Healthcare Coalition Inc.（RHC）

退職後のフィリピン移住を総合的に支援
短期及び長期滞在ゲストが心地よいサービスを提供

企業概要

International Chamber of Commerce Retirement & Healthcare Coalition Inc.（ＲＨＣ）は、米国、ヨーロッパ、日本と韓国の商工会議所によって２００７年に設立。退職後に移住してきた外国人の暮らしや健康管理をサポートするため、様々な基準の設定、その国際的認証と各国の協力の促進、それに携わるスタッフの育成、安全な家庭用品基準認定の交付、外国人退職者と患者の利益保護といった活動をしている。

また同時に、ＲＨＣは退職後の移住先としてフィリピンに関心を抱いている人を対象に、イベントやコンサルティングサービス、会員特典等を提供し、移住先としてのフィリピンの宣伝にも取り組んでいる。ＲＨＣはフィリピンの観光省（ＤＯＴ）、退職庁（ＰＲＡ）、外務省（ＤＦＡ）、貿易産業省（ＤＴＩ）、投資局（ＢＯＩ）、保健省（ＤＯＨ）の公式なパートナーとなっている。

退職後のフィリピンでの暮らしをトータルサポート

International Chamber of Commerce Retirement & Healthcare Coalition Inc.（ＲＨＣ）は、コンサルティング、政府との連絡のやり取り、ビザ申請サポート、および高い技術を持つ数多くの医療施設の提供などを通じて、フィリピンへの移住を支援する会員組織である。また、同社との提携企業が提供する宿泊施設や医療などの様々なサービスや製品への割引、特別支給の拡大にも取り組んでいる。

また、質の高いヘルスケアを提供するという目標を掲げ、この目標を達成するために官民パートナーシッププロジェクトを行い、フィリピンヘルスイニシアティブ（ＰＨＩ）が取り組むフィリピンに特化した品質マネジメントシステムの認証制度作成に関わっている。このプロジェクトは医療施設が提供する総合的なサービスの向上を目指している。次に計画されている官民パートナーシッププロジェクトは、フィリピンの特別養護老人ホーム施設の品質マネジメントシステムに関するものとなる。

同時に、同社ではフィリピンへの移住を検討している外国人を対象にイベントを開催している。「フィリピン退職＆ヘルスケアサミット」は、長期滞在、不動産、ヘルスケアといったあらゆる領域を網羅した情報を提供する毎年恒例のイベントである。

会長のシューマッハ氏は国内外の様々な役職を歴任

ＲＨＣの会長であるヘンリー・シューマッハ氏は在フィリピン欧州商工会議所（ＥＣＣＰ）の渉外担当副社長でもある。ＥＣＣＰはフィリピンと欧州の緊密な経済連携とビジネスネットワークの構築を目的としたサービス指向の組織である。同時に、同氏は国際見本市やイベント運営を行うFairs and More株式会社、欧州科学技術革新センター（ＥＩＴＳＣ）財団の社長を兼任、フィリピンのアジア欧州財団の管財人も務めている。

また、シューマッハ氏はヨーロッパに拠点を置くいくつかの企業の様々な役職を歴任してきた。特に特筆すべきはHoechstグループ会社のフィリピンの最高経営責任者（ＣＥＯ）であろう。彼は24年以上にわたって同グループの発展に尽力してきた。さらに、同氏はマカティビジネスクラブ、マニラポロクラブ、INSEADビジネススクールの同窓会組織のメンバーでもある。そんな同氏の原点はドイツのギーセン大学で参加した様々なエグゼクティブプログラムのコースとフランスの名門INSEADビジネススクールである。

世界をまたにかけて活躍してきた同氏が率いるＲＨＣは、世界中の顧客に対応し、ビザや旅行保険、医療保険、医療関連の問題、さらには住宅や投資といった多岐に渡るあらゆる問い合わせに答えられる点が強みだ。

ここのクライアントに応じた対応が定評

また、同社は個々のクライアントに応じた親身な対応を心がけている。必要に応じて政府、大使館関連サービス、ビザ申請・延長に同行することも可能となる。親睦を深めることや、フィリピンの南国の気候を楽しむことを目的とした社交の機会も用意している。

30年以上の経験があるＲＨＣのスタッフとパートナーには、

そこで培われた見識に基づき、全ての短期及び長期滞在ゲストが心地よい体験を実感できるサービスを提供しながら、今後も活躍していくことが期待されている。

会社概要

会社名	:International Chamber of Commerce Retirement & Healthcare Coalition Inc. (RHC)
代表者名	: Hinrich J. Schumacher
従業員数	: 4名
会社設立日	: 2007年
住所	: 19/F Philippine AXA Life Centre, Sen. Gil Puyat Ave. cor Tindalo St., Makati City, Metro Manila 1200
TEL	: (02) 845 1324 loc 242
FAX	: (02) 845 1323 / 759 6690
URL	: http://www.rhc.com.ph / http://www.longstayphilippines.com
E-Mail	: info@rhc.com.ph
担当	: Marc Daubenbuechel
事業内容	: フィリピンにおけるロングステイのための各種サービス

企業名　**Ocampo & Manalo Law Firm**

フィリピンで最も信頼性の高い法律事務所
国内外で経験豊富な専門家集団

THE LAW FIRM OF
OCAMPO**MANALO**
BERNABE • VALDEZ • LIM

企業概要

Ocampo & Manalo Law Firmは、1997年に設立され、16年間に渡って確かな実績を積み重ねてきた。今では、フィリピンで最も信頼性が高く、評判の良い法律事務所の一つとして知られている。顧客の業種は幅広く、それぞれに対応可能な専門性と柔軟性を兼ね備えている。

法人・商用法、交通法、労働と企業訴訟、情報、通信技術法、エネルギー鉱業、不動産・建設、および課税といった企業の基盤作りに関する重要な分野において、包括的で豊富な経験を有している。

代表をはじめとするスタッフは海外での経験も豊富である。スタッフの育成にも力を入れており、全員がプロフェッショナルとなる。

ローカルやグローバルを問わず、ネットワークが広いことも同社の強みである。また、多くの大手日系企業に対してもサービスを提供してきた実績があり、同社への日系企業の信頼も厚い。

専門家集団の情熱が獲得した確かな信頼

16年に渡ってOcampo & Manalo Law Firmが生み出してきた成果は、質の高い研修や経験を通して獲得された専門家集団の実力が可能にしたものだ。弁護士や、法的スタッフが互いの分野を補完し合い、専門分野を超えた価値が生まれている。このダイナミックなチームは、献身的、かつ卓越したサービスに対する熱意を共有しており、その可能性は無限大といえる。

顧客が事業を行っている環境は、フィリピンと国際ビジネス社会の変化とともに進化してきており、その進化に同社は柔軟に対応することで成果を出してきた。

同社は、新しいトレンドを予測し、フィリピン国内・海外における顧客の開発努力と解決策の模索に積極的に力を貸してきた。同社の成長は他事務所とは異なり、顧客ごとにカスタマイズしたサービスを展開してきたことで可能になったものである。

Ocampo & Manalo Law Firmは、多国籍企業、国内外の投資家、金融サービス会社をはじ

め、個人までを含むクライアントに法的分野に関わる包括的なサービスを提供している。同社が専門に扱う主な分野は、法人・商用法、交通法、労働と企業訴訟、情報、通信技術法、エネルギー鉱業、不動産・建設、および課税である。Ocampo & Manalo Law Firm の顧客は、陸・海・空の運送、保険、証券、金融サービス、ミューチュアル・ファンドの管理、旅行、ホテル、情報技術、マスコミ、建設、不動産開発、エンジニアリング、自動車製造、レストランの運営・管理、製造業、ビジネスフランチャイズ、および一般的な販売流通等と、幅広い。

同社のスタッフはフィリピンや海外における法的ニーズや市場の問題について深く理解し、国際取引における豊富な経験も有している。ローカル及びグローバルな経験が同社の幅広いネットワークと相まって、法的およびビジネス問題に対して卓越した可能性とユニークで貴重なアプローチを顧客に提供することが可能になっている。

このように豊富な専門知識、ネットワーク、経験を有する Ocampo & Manalo Law Firm だが、信用と信頼に基づく長期的な関係をパートナーと構築することを目標とし、すべての顧客にパーソナライズされた質の高いサービスを提供することにひたむきに取り組んでいる。その情熱こそが、Ocampo & Manalo Law Firm を Ocampo & Manalo Law Firm 足らしめる所以である。

同社は、フィリピンで事業を展開する多くの日本企業のサポートも行ってきた。その例として、日立アジア、三井物産、鹿島建設、日本通運、竹中工務店、全日本空輸（ANA）、佐川急便、鴻池運輸、日本トランス、ヤマトロジスティクスが挙げられる。同社は、これまで通りの質の高いサービスを提供し続けている限り、フィリピンで法的なサポートを求めている日本企業を満足させられることは間違いないと確信している。適切な計画を立て、確実に計画を遂行することに真摯に取り組む姿勢が、Ocampo & Manalo Law Firm を成功へと導いた秘訣である。

会社概要

会社名	: Ocampo & Manalo Law Firm
代表者名	: Manolito A. Manalo（業務執行役員）
従業員数	: 30 名
会社設立日	: 1997 年 10 月 1 日
住所	: Pacific Star Building, Makati Ave. cor. G. Puyat Ave., Makati City
TEL	: 751-8899 、751-7799
FAX	: 751-4000
URL	: www.omlawphil.com
E-Mail	: info@omlawphil.com
担当	: Manolito A. Manalo
事業内容	: 税務・会計、法務・知的財産保護、人材支援に関する包括的業務

企業名　**プライマリエッジ**

人材開発に関わるあらゆる業務をサポート
成功に導く顧客固有のソリューションを提供

企業概要

プライマリエッジは、２００３年に設立。企業に対して経営コンサルティングとビジネス・プロセス・アウトソーシング（ＢＰＯ）サービスを提供し、顧客がグローバル市場での競争力を高めることに貢献している。専門分野は人材サービスであり、リーダーシップアセスメント、コーチングプログラム開発、各種トレーニング、組織・人材開発コンサルティングを提供。同社では顧客固有のソリューションを提供することで、成功に導くためのサポートを行っている。同社のビジョンとして〝革新的であること〟〝価値があり、信頼される企業になること〟〝顧客の業績・成長・競争力向上に貢献すること〟を掲げ、日々邁進している。日系企業とのプロジェクト実施実績もあり、今後も日系企業との連携、日本市場への進出に意欲を見せている。

多様性溢れるアジアへの挑戦

代表のテスタ氏はアクセンチュア、アンデルセン・コンサルティング、ＳＧＶコンサルティングに所属していた仲間と共にプライマリエッジを設立した。

その当時、アクセンチュア・フィリピンもまた急速な成長のために従業員の育成を必要としており、同社が２００４年から5年間、従業員へのトレーニングを請け負った。このプロジェクトが成功し、それをきっかけとしてトレーニング実施の依頼が舞い込むようになり、同社は着実に成長していくことになった。

現在はリーダーシップアセスメント、コーチングプログラム開発、各種トレーニング、組織・人材開発コンサルティングといった、人材開発に関わるあらゆる業務を行っている。

プライマリエッジの特徴は、プロジェクトベースで業務を行うことにより、メンバーやチームの構成においてもプロジェクトに応じて柔軟に対応できる点にある。社外からスタッフを厳選することで、専門的な案件にも十分に対応することができる。これは同社の大きな強みとなっている。

プライマリエッジは顧客に応じてカスタマイズしたトレーニングや専門的なコーチングを含む組織・人材開発プログラム、さらには人材育成システムの開発・実施を通じてフィリピンに進出している外国系企業の成功をも後押ししてきた。また、日系企業の経営幹部、管理職や専門家に対するコーチングプログラムを提供し、日本市場にも貢献してきた。

アジアでのビジネスを成功させるには、アジアと世界の市場についての理解が必要不可欠となる。アジアの特徴は「多様性」にあり、ローカル市場だけでなく、国境を越えたグローバル市場に対してもサービスを提供しようとすると、ビジネスの成功に大きく影響を及ぼすその地域ごとの独自の文化が浮き彫りになってくる。

英語力と同時に、多様な文化圏出身の人々と仕事をすることへの意欲と能力が重要な成功要因である

ことは言うまでもないが、継続的に、必要な考え方、知識、スキル補填と共にリーダーシップと労働力の向上に投資することは欠かせない。異文化に触れ、親しんでいく機会を従業員に提供することもまた成功の鍵となるのだ。

このような考えのもと、プライマリエッジはアジア経営大学院（ＡＩＭ）とＪＩＣＡの提携によって設立されたApplied Research and Advisory Corporation（ARAC）と、日本ーフィリピン間の投資やパートナーシップ提携を仲介しているiCube、そして日本のワコールのフィリピンにおけるマーケティング・販売部門であるワコールフィリピンの日系３社とのプロジェクトを成功させた。

将来的には日系企業や日本市場のニーズに対する理解をさらに深め、そのニーズに応えるためのサービスを生み出し、提供していく計画だ。そのためにも日本市場を理解している iCube のような企業との連携の機会を探ることが今の段階での重要なステップとなっていると考えているようだ。サービスの質の高さを追求しながらターゲットを拡大させ続けている同社と提携することで、さらなる成長を成し遂げるための新たな力が生まれる可能性に期待が集まっている。

会社概要

会社名	: PrimaryEdge, Inc.
代表者名	: Ma. Carmen L. Testa
従業員数	: 2 名（プロジェクトベースでその都度雇用）
資本金	: 1 億ペソ
会社設立日	: 2003 年 10 月 7 日
住所	: 5/F Builder's Center Bldg., 170 Salcedo St., Legaspi Village, Makati City
TEL	: +632 902 0973
FAX	: +632 757 4365; +632 902 0949
URL	: www.primaryedge.net
E-Mail	: mltesta@primaryedge.net
担当	: Ma. Carmen L. Testa
事業内容	: 経営コンサルティング、エグゼクティブコーチング、ビジネスプロセスアウトソーシング（BPO）

企業名　CEFI

フィリピン進出支援のスペシャリスト
日系企業に必要な豊富な情報を提供

企業概要

Compartimos En Filipinas, Inc.（以下CEFI）はフィリピン在歴18年の創立者によって設立された。フィリピンでの豊富な経験とネットワークでフィリピンの進出支援サービス、人材支援、視察コーディネート、不動産仲介、工場施工、工業団地の紹介、代理営業・販売、マーケティング・リサーチ、業務委託・パートナー等のサービスを提供している。

部材調達、代理営業のスペシャリスト

「どんなビジネスでも成功するには、まずは情報収集から始めるものです。自分が18年間培ったフィリピンの情報、経験等をお客様と共有したいので設立しました」。そんな思いをこめて創立者である佐藤氏は設立した会社をCompartimos En Filipinas, Inc.（由来はスペイン語で「フィリピンにて共有（シェアー）する」）と名付けた。

創立者の佐藤隆寛氏は20歳の時に空手の演武でフィリピンを訪れ、同国に魅せられ22歳より働き始め今に至る。長期に渡りマニラベースのビジネス・トラベル社にて勤務、営業実務を積み独立する。通算フィリピン在歴が18年となり、その間サービス業、営業に準じることでほとんどの日系企業とは面識等がある。フィリピン進出に伴う場所選定、部材調達、代理営業のスペシャリストである。

フィリピン進出に必要なあらゆる分野でサポート

日本でフィリピンのことをリーサチしたくても資料等があまりになく、情報不足であるのが実情である。大概の日系企業はフィリピンに進出する際そんな問題に直面している。そこをＣＥＦＩがマーケティング、法人登記、設立、部材調達、人材、工場建設地候補、施工などの情報や調査を行ってサポートしている。ケーススタディーを基に顧客の立場で物事を考え顧客が必要としている確かな情報、サービスを提案、提供していきたいという。

それはビジネスプランを構築する際欠かせない情報ばかりである。例えば部材調達一つとっても、日本では調達可能な部材もフィリピンでは必ずとも調達できるとは限らない。工場設立後の部材調達先の紹介等、どの日系企業がどの商品を扱っているか現地情報を取り揃えている。日系企業、現地企業に製品を投入したいが製品がマッチングするか分からない、事務所、工場を構えたいが選定方法が分からないといった場合のノーハウとコネクションも提供している。営業、販売代理店を探すのであれば、現地情報通でなければならない。

その他のサービスとしてＰＥＺＡ工業団地視察手配・案内、業種に合わせ訪問企業を選定し案内、事務所・工場選定、リース工場の紹介、会社規模、客先、生産品、部材調達を考慮し選定、リース工場の紹介、部材調達調査・紹介、代行、生産に必要な部材に対し調達先企業の選定・紹介、フィリピンにて部材調達し日本への輸出手続き（無税にて）、営業代行・販売（現在コンプレッサー、ホークリフト、トラック、樹脂の加工、建設など計5社を受託）、営業顧問（現在人材紹介、搬送設備など2社を受託）、フィリピンＰＥＺＡ輸出加工区にて組立て委託等進出する製造業及びそこにサービスを提供する企業を中心にサービスを提供している。

日系企業にとってより良い情報とサービスを提供

マーケティング・リサーチでは搬送設備に伴う日系企業向けアンケート調査、節電機投入に伴う各日系企業の節電対策訪問調査、ウナギ生息地、輸出方法を含め調査、現地企業向け加水燃料の紹介・調査など幅広い調査を行っている。工場系の場合、フィリピン進出前に念密な部材コスト、調達先の選定、同業他社からの失敗事例のヒヤリングを十分に行った調査をしている。フィリピンにて販売関連の場合はその分野の法律を理解し十分な商品、強豪の状況を含めマーケティング、優秀なパートナーの選定のアシストもしている。

「日本ではフィリピンがこれまで以上に注目されている。今後も進出する日系企業にとってより良い情報とサービス提供を心掛けたい」と語る佐藤氏。

同社は次のような問題を抱えている企業の手助けができると考えている。

・フィリピン進出を考えているがコネクション、ノーハウがない日系企業、現地企業に製品を投入したいが製品がマッチングするか分からない
・事務所、工場を構えたいが場所選定方法が分からない
・工場設立後、部材調達先の確保が分からない
・営業、販売代理店を探している

同社は多くの在比日系企とコンタクトがあり、フィリピン進出時に起きた問題点、改善点、方法などをヒアリングした経験を新規参入の顧客にケーススターディーとして伝えることで、常に良質なサービスを提供している。

会社概要

会社名	: Compartimos En Filipinas, Inc.
代表者名	: 佐藤　隆寛
従業員数	: 5名（日本人3名、フィリピン人2名）
資本金	: 5,000,000ペソ
住所	: 7Floor Maripola Bldg., 109 Perea st. Legaspi Vill makati
TEL	: ＋632-856-0038，＋632-846-7150　携帯番号 ＋63917-595-6297
FAX	: ＋632-801-9711
E-Mail	: tsato.cefi@gmail.com ／ tsato@linc.asia
担当	: 佐藤
事業内容	: フィリピン進出、マーケティング、調査、会社設立に伴うコンサルティング、営業・販売代行

企業名　**アイキューブ**

日系企業のフィリピン進出をサポート
ビジネスインキュベーターとして日比で活躍

企業概要

フィリピンでの事業運営に欠かせない「信頼できる」情報(Information)、創業支援(Incubation)、及び投資の仲介、管理(Investment)の3つの〝I〟を、日英バイリンガルの専門家がワンストップで提供する専門家集団。創業から約15年の長きに渡ってフィリピンを中心とした新興国の経営関連法務・会計の情報提供を続けており、政府機関、主要金融機関、大手企業の信頼を得ている。

日比関係をより豊かにするには大企業の誘致だけでなく中小零細事業の活発化が不可欠と考え、マカティ市の中心部でインキュベーションセンターを開設している。さらに、JICA等のプロジェクトを通じてフィリピン、ベトナム、旧東欧諸国など、新興国の中小零細企業のビジネス環境整備にも尽力している。

アイキューブ

日比の専門家集団がフィリピン経営を強力にサポート

フィリピン進出を本格的に検討し、現地に赴いてフィリピン進出で頼りになる専門家を紹介してもらおうとすると、現地に通じた大手銀行や商社の担当者からは、必ずと言ってよいほど「アイキューブ」の名前が挙がる。２０１２年に同社代表が執筆した「フィリピン進出完全ガイド」はフィリピン進出の教科書となっているほか、「フィリピン内国税法」等の法律対訳書は、フィリピン進出企業の誰もが備えている隠れたベストセラーだ。

日本とフィリピンの専門家が代表を務める同社は、会計事務所、人材紹介、不動産、出版等、日本企業のフィリピン進出に役立つ業種で、それぞれの分野の日本の専門会社と積極的に合弁を組み、各子会社を通じて専門的なサービスを提供している。同社は日本企業のフィリピン現地法人の設立においてもフィリピン側資本として資本参加しており、出資先は40社、取締役や役員の派遣は１００ポジションを超える。事業運営は原則とし

て日本側のパートナー企業に任せ、自らはフィリピンでの経営管理・事務管理に徹しており、安定株主として喜ばれている。

また、２０１０年に同社がマカティ市の中心部に開設したインキュベーションセンターでは、執務スペースや事務機器、会議室や研修室、受付サービス等も完備。土日は冷房がストップするハイテクビルが多い中、同社のインキュベーションセンターは指紋認証と個別エアコン対応で、24時間３６５日利用可能となる。同センターに入居する専門家企業群とのコラボにより、市場調査や工場や事務所の選定、人材採用、法人設立・経理業務等々、フィリピン進出に必要なサービスをワンストップで利用することができるのも魅力だ。

同社代表のジェラルディン・バートン氏は、外交官の両親の下、日本で生まれ育ち、京都大学法学部を卒業したバイリンガルだ。東京で外資系銀行に就職したが、フィリピンの経済振興の志に燃えて日本でのキャリアをなげうち、１９９７年に帰国。フィリピン大学とアヤラ財閥との合弁によるインキュベーションセンターのマネージャを務めながら、１９９９年にアイキューブ・グループを創業した。「ビジネスインキュ

アイキューブ

ベーターとして日比関係のポテンシャルを顕在化する」ことを理念として掲げ、日比の民間外交を拡げている。

また共同代表の坂本直弥氏は大手会計事務所出身。日本の公認会計士とシステム監査技術者の資格を持ち、国際的会計事務所で培った経営・会計・法務の専門能力を元に、１００社以上の日系企業のフィリピンでの設立や経営改善を指導してきた。

この両代表を軸に、同社にはフィリピンの弁護士、公認会計士、宅建主任者といった専門家や日比のサポートスタッフが揃い、フィリピンの複雑な法令を正確に踏まえ、企業経営者側の立場に立ったサポート業務を提供している。あまり積極的な宣伝をしていない同社だが、銀行や商工会議所、既フィリピン進出企業等の紹介を得て出向けば、初回相談には無償で対応してくれる。インキュベーションセンターはグリーンベルトのすぐ近くだ。気楽に訪れてみたい。

会社概要	
会社名	：株式会社アイキューブ（iCube, Inc.）
代表者名	：ジェラルディン・バートン
従業員数	：27 名（グループ従業員 50 名）
資本金	：5,000,000 ペソ
会社設立日	：2004 年 2 月（1999 年創業）
住所	：7th Floor Maripola Building., 109 Perea St., Legaspi Village, MakatiCity, Philippines
TEL	：+63-2-856-0038（日本語直通：050-6863-7722）
FAX	：+63-2-801-9711
URL	：www.icube.phh
E-Mail	：info@linc.asia
担当	：坂本　直弥
事業内容	：海外直接投資コンサルティング（現地法務調査・翻訳、インキュベーション、事業企画・共同出資）

企業名　ASAHI NETWORKS PHILS INC

日本とASEAN各地を繋ぐ税理士法人
可能性広がるフィリピンへの進出を支援

企業概要

朝日税理士法人グループの朝日ビジネスソリューション㈱は、日本企業の海外進出を支援するため、フィリピンに強いコンサルティング会社の㈱アイキューブと合弁で、フィリピンに朝日ネットワークス・フィリピン（ASAHI NETWORKS PHILS INC.）を設立。朝日税理士法人グループは、全国10法人（札幌、仙台、東京、横浜、高崎、長野、名古屋、大阪、岡山、福岡）の朝日税理士法人等から構成されるグループ。海外進出支援業務以外にも、税務業務を中心として幅広い業務を提供している。既にタイ・バンコク、インドネシア・ジャカルタに関係会社を保有しており、フィリピンでの海外進出支援サービスは3カ国目になる。設立・記帳代行・給与計算など（比較的ナレッジの低いサービス）から税務など比較的ナレッジの高いサービスまで提供。

税理士法人で日本初のネットワークによる海外進出支援サービス提供

日本の会計事務所の95％は従業員20名以下の小規模事務所と言われる。顧客企業の海外での経営までサポートできるのは、長い間大手４大監査法人に限られてきた。そんな中、会社にとってもっと身近な会計の専門である税理士を中心とした事務所が、海外サポートに乗り出した。日本全国に４５０名の専門家を有する中堅税理士法人、朝日税理士法人グループだ。北海道から九州まで、全国10事務所。加えてフィリピン、タイ、インドネシアの海外事務所が、日本の地元からＡＳＥＡＮ各地を繋いでいる。

わずか半年で日系企業60社にサポートを開始

同社グループのフィリピン事務所、朝日ネットワークス・フィリピンは、２０１４年から営業を開始したばかりのまだ新しい会社だ。しかし、折からのフィリピン進出ラッシュもあり、わずか半年で日系企業60社にサポートを開始している。フィリピンに1年先行して始めたタイやインドネシア事務所と合わせると、すでに50名近い専門家が２００社の日系企業に関与

している。

朝日ネットワークスにASEAN事業の成功の秘訣を聞いた。「私たちも海外事業は初心者。まだまだ改善すべき点ばかりです」。同社グループを統括する山中一郎氏（公認会計士・税理士）は謙遜する。「ただ、各国No.1と言える専門家の力をお借りすることができました。」

フィリピンでは、アイキューブグループの統括を務める坂本直弥氏（公認会計士／写真）がその任に当たっている。同氏は在比18年目。年齢は40台半ばながら、1997年アジア通貨危機後のフィリピンの回復と成長の中で数百社の日系企業の盛衰に関わってきた長老格と言って良い。同氏の下、日本人専門家3名とフィリピン人専門家10名が、フィリピンの複雑な法制度と日夜格闘している。

顧客の海外進出を自社の成長機会と捉える

日本の多くの会計事務所が顧客減少に悩む中、順調な滑り出しと言って良いように思うが、山中は言う。「フィリピンにはもっと可能性があると思っています。今のフィリピン事務所は、いわば錦糸町の会計事務所。地元の法務・税務を何とかこなしているだけ」と手厳しい。「まずは日本の地方事務所同様のサービスをきちんと提供できるように体制を固めるのが第一歩。ただ、その上でなるべく早く、英語能力が高いフィリピン人専門家を各国で活用する会計コンサルティングサービスを提供したい」という。

同社が事務所を構えているインドネシア事務所では、会計部門のマネージャーにフィリピン人専門家を採用した。また、日本での国家戦略特区に向けて、フィリピンに日本国内とのホットラインを設置。外国人起業家に対するサポートを日比の専門家が協力して行う体制も整えようとしている。

元々は国内市場向けのサービスに特化してきた税理士事務所。しかし、顧客の海外進出を自社の成長機会と捉え、積極的に海外展開を図る朝日ネットワークスの様な企業にとっては、フィリピンは組み尽くせない可能性の宝庫になっている。

会社概要

会社名	: ASAHI NETWORKS PHILS INC.
代表者名	: 坂本　直弥（日本国公認会計士）
従業員数	: 23 名（日本人 5 名、日本人公認会計士 3 名、フィリピン人公認会計士 1 名）
資本金	: P10,000,000
会社設立日	: 2013 年 11 月 15 日
住所	: 6th Floor Maripola Bldg. 109 Perea St., Legaspi Village, Makati City
TEL	: +63-2-843-3739; 843-3534; 843-4752 local 106 ／ +81-50-6863-7722
FAX	: +63-2-801-9711
URL	: http://www.asahinetworks.com
E-Mail	: stanaka@linc.asia ／ s-tanaka@asahinetworks.com ／ sakamoto@linc.asia
担当	: 田中　繁晴、坂本　直弥
事業内容	: 会計税務業を中心とした、日本企業のフィリピン進出に伴う総合的なコンサル業務。窓口を一つにした［ワンパッケージサービス］を提供

企業名　**アクション**

女性の収入向上支援をするエコブランド「エコミスモ」日本企業の社会貢献もサポート

企業概要

１９９４年に任意団体として設立。２００１年にＮＰＯ法人として登録。フィリピンでの孤児院運営支援、盲ろう学校の職業訓練、ストリートチルドレンへの奨学金支援のほか、女性の所得向上事業としてお菓子の袋を再利用した製品を作成する「エコミスモ」を運営している。フィリピンの社会福祉開発省と連携し、中部ルソン地域の児童養護施設６３施設に対する職員研修を実施している。

また、日本の美容業界と連携し、児童養護施設の子供達を対象にヘアカットを教える「ハサミノチカラアカデミー」を開催している。これまでにフィリピンの各事業地でボランティアとして３０００人以上の若者が活動に関わっている。２０１０年に国際交流基金「地球市民賞」を受賞。

フィリピン、日本双方に必要とされるNGO

代表の横田氏は１９７６年生まれで、東京都出身。高校3年の時にフィリピン・ピナトゥボ火山の噴火で被災した孤児院の存在を知り、単身で訪問する。フィリピンの人たちに恩返しがしたいと思い、94年にACTION Philippines office を設立した。フィリピンのほかインドやルーマニアの孤児院、内戦後のルワンダやケニヤ、ウガンダ、ザイール等で戦災孤児支援等の活動を実施してきた。

また、国際空手道連盟極真会館（松井館長）の道場をアジア開発銀行と孤児院内に設立し、武道を通じての青少年育成を行う。２０１０年、お菓子の袋を再利用したポーチ製作等を通して、女性の収入向上支援をするエコブランド「エコミスモ」を設立した。１９９９年度中田厚仁基金褒章、２００１年度日本財団賞、２０１０年度国際交流基金「地球市民賞」を受賞した。

成功のポイントは「共通の話題をもちコミュニケーションを大切にすること」と語る横田氏。現地の人との共通の話題づくりのために、常にフィリピンのラジオ・テレビ・新聞をチェックしている。そんな横田氏だが、フィリピン人と接するときに常に気を付けていることは、フィリピン人の気持ちを理解した上で「日本人側」として接することだと話す。アクションは日本からの援助で運営しているため、フィリピンにとって何が必要なのか、何をすべきなのかを日本の意思で考えているのだ。

日本社会からも必要とされるＮＰＯを目指し、アクションの事業地（中部ルソン地区7州の児童養護施設63施設、マニラのマラボン市）を活用して社会貢献事業の企画や実施における日本企業との連携にも乗り出

している。職業別奨学金基金「チカラプロジェクト」での協力等を通じて広く日本企業の社会貢献をサポートしていきたいと考えている。

また、包装紙を使用している日系企業に関しては包装紙のロスを利用して、エコミスモの製品を作成し企業のキャンペーンや景品として活用してもらい、フィリピンの貧困層女性の収入向上につなげる活動も行っている。日本ではプランタン銀座等でエコミスモ商品を取り扱っている。

※アクションの実施するお菓子の袋を再利用した製品のコラボ実績

- DDA（DADA Desigh Academy）＊ヘアデザインアカデミー
- 板角総本舗
- 学研
- フィネスアイテム　＊ゴルフアパレル
- 東京ベロマーケット
- ピーアーク
- ユニリバー

代表の横田氏はフィリピンの土地柄やフィリピン人との接し方などに精通している。ロータリークラブ会長の経験や、アクションを通していろいろな人と接してきたため、富裕層から貧困層まで幅広い人脈もある。現在は、これらを活かして各企業向けにフィリピンにおける起業やビジネスについてアドバイス・コンサルティングを提供している。

また、市場調査、生活実態調査、現地アレンジ、視察アテンド等にも対応可能だ。「フィリピンというキーワードで日系企業の企業価値を高めるお手伝いが今後も実施出来ればと思います」と横田氏は語る。エコミスモ事業、企業の社会貢献事業の企画と実施、フィリピンにおける起業やビジネスについてアドバイス・コンサルティング提供等、文字通り常に多彩なACTION（行動）を続けている横田氏。NGOの秘めた可能性のモデルケースを目指す。

会社概要

会社名	：ACTION Philippines office
代表者名	：横田　宗
従業員数	：10名
住所	：1718B SM Grass Residences Tower 1, Brgy Bago Bantay, Quezon city, Manila
URL	：www.actionman.jp
E-Mail	：info@actionman.jp
担当	：横田　宗
事業内容	：社会企業家、進出支援サービス、人材支援、視察コーディネート、企業の社会貢献事業の企画と実施

企業名　SPICEWORX CONSULTANCY, INC.

グローバル人材育成のための企業研修、コンサルティング
ＩＴ／ＢＰＯ産業分野の調査が最も得意分野

企業概要

SCEWORX CONSULTANCY, INC. は、2001年にフィリピン・マニラを拠点として設立。グローバル人材育成研修、受託調査、経営企画コンサルティングとアドバイザリーを展開しており、日本政府機関、大手日本企業、フィリピン企業、その外資企業やＩＴ関連業界団体等から高い評価を受けている。

2009年後半より開始したグローバル人材育成研修では、日本から230人近い企業研修を受入れるほどの実績を持つ。また、ＩＴ／ＢＰＯ分野における日本の大手企業によるフィリピンへの業務委託や資本提携の舞台裏で活躍。ＩＴ／ＢＰＯ産業に関する深い知見・専門性に裏打ちされた、他にはまねできないユニークな高付加価値サービスの提供を通じ、アジア発グローバルビジネスの成功と発展に寄与している。

フィリピンＩＴ事情の第一人者

代表の安部妙氏は日立製作所で海外ユーザ企業対応のシステムエンジニアを経験し、マニラのアジア経営大学院にて経営修士取得。２００１年に独立してSpiceWorxを起業した。

ＪＥＴＲＯ定期報告フィリピンＩＴ事情全30回、ＪＩＣＡフィリピンＩＴ人材ニーズ調査、ＢＰＯ産業関連不動産事情及びコールセンター産業調査等執筆。

２００９年からフィリピンのソフトウェア産業協会理事も務め、フィリピンのＩＴ／ＢＰＯ業界事情に精通し、幅広いネットワークを持つ。座右の銘は〝Where there is a will, there is a way.〟（やる気さえあれば、道は開ける）。

フィリピンにおける11年以上の実績と現地ビジネス事情への精通、政府機関並びに大手日本企業との取引実績で定評がある。日比政府機関、商工会議所、日系企業、現地企業、ＩＴ／ＢＰＯ業界団体とのネットワークと良好な協力関係、軽いフットワークとレスポンスの早さ、さらにテクノロジーの活用などを重視。

グローバル人材育成 - フィリピン派遣研修

著しくニーズの拡大している日本企業のグローバル人材育成を支援するため、提携企業Ｇ＆Ｓ社（東京）との共同企画により、世界第3位の英語人口国であるフィリピンにおいて全期間英語、現地フィリピン人参加者との合同ビジネス研修を実施している。日本の大手企業社員を中心に参加。フィリピンは成長市場ＡＳ

ＥＡＮの中心に位置し、日本の製造業の製造拠点として注目を集めている親日国家だ。また、世界でトップのＢＰＯ拠点国でもあり、サービスのグローバルデリバリーに関わるノウハウの蓄積と人材の数は日本を上回ると想定。

そんなフィリピンで現地の同世代の若者たちと合同でのビジネス研修を体験し、参加者のほとんどが、グローバルビジネスに対する前向きなマインドセットと自信を身につけるようになって帰国する。現地事情に精通した日本人／フィリピン人チームが適切なリスク管理を行っており、これまで大きな事件／事故がない。

受託調査／コンサルティング／アドバイザリーサービス

ＩＴ／ＢＰＯ産業分野の調査を最も得意とし、政府関連機関や民間調査機関、民間企業向けの調査、アドバイザリーなどの実績もある。フィリピン市場に進出の検討や事業提携先選定の際に、基本情報収集、分析、初期スクリーニング、ショートリスティング、視察コーディネーション、アドバイス、現地アテンド等によりサポートする。10年以上の事業実績、日比政府機関、日本人商工会議所、在比日系企業、現地ＩＴ／ＢＰＯ企業幹部や業界団体幹部とのネットワークにより迅速な調査とコストの無駄を省くことができる等、フィリピン初心者向けでもある。報告書は、日本語あるいは英語のどちらでも作成が可能。

代表の安部氏は、日本の大企業の社員、NPOの水道建設ワークキャンプ参加者、クラスでたった1人の日本人大学院生、起業家、コンサルタント、ソフトウェア産業協会の理事、日本から企業研修生の受入責任者として、18年にわたってフィリピンと関わり、良いところも、悪いところも知り尽くした上で「日本とフィリピンの民間企業同士の更なるコラボレーションにより

①日本企業のグローバル化、親日的で英語のできる若い人材の確保、

②フィリピンの雇用創出と製品、サービス品質向上

というウィンウィンパートナーシップが構築できる」と確信している。

会社概要

会社名	: SPICEWORX CONSULTANCY, INC.
代表者名	: TAE ABE-ABION（安部　妙）
従業員数	: 5人
資本金	: 2MPesos
会社設立日	: 2001年
住所	: UNIT #7 ECOVILLE, 1200 METROPOLITAN AVE., MAKATI CITY, PHILIPPINES
TEL	: `+632-899-6784
FAX	: `+632-325-0598
URL	: www.spiceworx.com
E-Mail	: info@spiceworx.com
担当	: TAE ABE-ABION（安部　妙）
事業内容	: ・グローバル人材育成のための企業研修、コンサルティング ・受託調査サービス（IT/BPO産業に特化） ・経営企画コンサルティング／アドバイザリーサービス（IT/BPO産業に特化） ・翻訳サービス、通訳派遣サービス　・視察コーディネータ

企業名

CCK City Network Inc.

データ入力業務を中心に人材派遣や医療関連システムを提供
セキュリティ保護システムを独自に開発

企業概要

CCK City Network Inc. は、データ入力業務を中心に、人材派遣や医療関連システムの提供サービスなどを行う。１９８９年に和歌山県で設立。その後、２００６年にフィリピン、２０１１年にバングラデシュ、２０１２年にはアメリカへ進出。海外でデータ入力業務を行うことで、優秀な人材を確保しながらも業務コストを抑えることに成功。現在フィリピン支店では約４００名のスタッフが働いており、日本の新聞、ジャパン・タイムスにも取り上げられるなど、ＢＰＯの成功例としても内外から注目を集めている。信頼性と責任感を証明するため、日本では２００６年にＪＩＳ規格のプライバシーマークを、２００８年にはＩＳＯ９００１（企業などの組織体が顧客ニーズに合致するように設計された品質マネジメントシステム）を取得。フィリピン支店ではＩＳＯ９００１（ＱＭＳ*）及びＩＳＯ２７００１（ＩＳＭＳ**）を既に取得し、さらにPCIDSS***の取得を現在進めている。これらの規格に沿って、高品質のサービスを常に提供している。

* Quality Management System（品質マネジメントシステム）
** Information Security Management System（情報セキュリティマネジメントシステム）
*** Payment Card Industry Data Security Standards（クレジットカードセキュリティ基準）

優秀な人材を大切な顧客のために

日本語のデータ入力であれば、同じ漢字文化圏の中国が進出先として適当と思われがちだが、ＣＣＫは敢えてフィリピンを選んでいる。その理由は、他社がまだ英語圏のフィリピンに進出していなかったこともあり、他の英語圏の仕事も受注することが可能であると考えたからだ。

現在ではアメリカの病院の診療記録の電子化の作業を行っている。看護師の資格を有した現地スタッフが、医師と患者の音声録音（カルテ等）を電子化した診療記録を作成している。このサービスを提供している日系企業はＣＣＫのみである（２０１３年３月末現在）。

フィリピンでは医療系の教育を受けても国内には就職先が少ない。そういった問題に積極的に取り組みフィリピンの優秀な人材を雇用することにもＣＣＫは成功している。また、データ入力オペレータや通訳・翻訳家、英会話トレーナー、エンジニア等のフィリピンの人材を世界各国に派遣しようとしている。さらには中高校生のための英作文／エッセイなどの添削指導もおこなっている。

〝スピード〟〝高品質〟〝セキュリティ〟をコアに、カルテや行政関連の書類など、様々なデータ入力を代行している。

現地スタッフの日本での長期研修制度も取り入れ漢字、ひらがな、カタカナのデータ入力も可能となっている。

ＣＣＫの企業理念は「ホスピタリティー・マインド（おもてなしのこころ）」、「お客様との関わりを大切にし、成長する」である。その理念に立ち、具体的には顧客のデータ管理を通して事務の効率化に貢献する取り組みを続けている。

元々は「こういう会社があったらいいのに……」という要望から誕生したエントリー専門の会社である。文化や価値観の異なる海外データ入力を行っているため、セキュリティには細心の注意を払っている。日本では２００６年にプライバシーマークを取得。フィリピンでも他社に先駆けてＩＳＭＳ（ＩＳＯ２７００１）を取得している。

また、セキュリティ保護システムを独自に開発し、顧客からの信頼獲得への努力を常に心がけている。

同業者の中でどこよりも早くフィリピンに進出し、挑戦を続けながら顧客からの信頼を獲得してきたＣＣＫ。顧客の声を大切にするその姿勢と、人材を活かす戦略が、今後も当社の可能性を広げ

CCK City Network Inc.

ていくことだろう。

会社概要

会社名	CCK CITY NETWORK INC
代表者名	川原　純行
従業員数	400 名
資本金	750,000.00 ペソ
会社設立日	2006 年 10 月 17 日
住所	Unit 501-502, 5F, Unit 501-502, 5F, Mandaluyong City, Metro Manila 1552
TEL	-10170　Skype ID cck-sales
FAX	-4553
URL	http://www.cck.jp/cck-ph/
E-Mail	inquire@cck.jp
担当	望月　宝／斉藤　雅寿
事業内容	データ入力業務、スキャニングサービス、人材派遣、医療調剤システムの販売・サポート、IT サポート、フィリピン進出サポート，翻訳

企業名　iCareerup

日比をつなぐ人材サービス事業
各国の経済・社会情勢に応じた雇用を提供

企業概要

iCareerup Inc. は日本において1970年から外国人労働者の活用サービスを提供している株式会社アバンセコーポレーションの子会社。日本、中国、ブラジル、タイ等17の拠点をもっている。iCareerupは、アバンセコーポレーションの40年以上積み重ねてきた経験とノウハウを元に、人材紹介だけでなく、労務・人事に関するコンサルティング、社員向け研修等、各種人材サービスを提供、フィリピン国内では金融都市のマカティ及び多くの日系製造業が集うバタンガスに2拠点を持っている。グループ力とネットワークを駆使し、日本企業に対応できるサービス体制、現地労働市場に精通したスタッフ、研修を通じた社員の能力開発、日比双方向の人材ネットワークが強みだ。

異業種企業による合弁会社が可能にする日比をつなぐ人材サービス事業

iCareerup Inc. の主要事業は人材紹介、人事・労務コンサルティング、社員研修である。

人材紹介では、一般的な求人媒体だけではなく、ジョブフェアの開催や大学訪問をこまめに行いつつ、独自のネットワークを活用することで多様な人材ニーズに対応。特に製造業においては紹介先の工程まで理解し、日本人専門家の長年の経験から必要な経験や能力を特定した上で綿密な面接を実施している。単なる数合わせでなく、求人ニーズを満たし、日系企業で継続的に働ける人材を提供できる点が特徴である。

また、企業のフィリピンへの新規進出が多くなっている中、人材紹介先の受け入れ態勢についても支援を行っている。専属の人事・労務コンサルタントが、人事体制の構築をサポート。フィリピン人を雇用する際の疑問点、課題についてフィリピンの法令、実情を考慮した解決策を、雇用契約、就業規則、給与体系等として提案している。

さらに社員研修では、ローカル社員の能力開発

と日本企業風土、異文化コミュニケーションに対する理解を引き出す実践的プログラムをフィリピンの大学院と共同開発して提供している。特に製造業向け社員教育では、主に現場管理者向けに、日本のモノづくりに必要なものの考え方を中心に研修を行っている。

実績例

①大手製造メーカーの進出に際して、バックオフィスから製造系のパイオニア人材の紹介

②大手製造メーカーに対する人事部門の立ち上げサポート（就業規則及び給与レンジのコンサルティング）

③フィリピン人従業員向けの技術指導及び書類翻訳のための通訳・翻訳者サービス

④現地経営大学院と提携したマネージメント研修

時代を先取りした外国人労働者活用サービス

iCareerup は日本において外国人労働者の活用サービスを提供する株式会社アバンセコーポレーションの一員であり、蓄積してきた実践的なノウハウを活用して成長を続けている。

株式会社アバンセコーポレーションは、１９７０年創

業、１９８６年に外国人労働者の来日を実現させた。１９８０年代半ばというのは、日本ではバブルのとば口にあり、生産体制や雇用形態に変化が起こっていた。諸々の問題を解決し、新しい時代にあったサービスを考えていた時に目を付けたのが日系ブラジル人だった。iCareerup はまさに外国人労働者活用サービス業界の先駆けであり、外国人の日本での就労が社会に受け入れられないという状態から、壁をいくつも乗り越えて事業を成功させた。

　iCareerup は顧客、従業員、アウトソーシング業者三者の満足度のバランスをとるため、顧客の総額人件費削減と人件費の変動費化に対する思い、働く人たちの長期の雇用安定とスキルの開発、そして業者の外部依存体質からの脱却と地域社会との共生を目指している。

　今後、世界の潮流は変わりつつあり、生産体制や、雇用形態の変化がさらに予想される。日本を含む東アジア各国に対し、それぞれの国の経済・社会情勢に応じた雇用を提供し、共感性の高いビジネスを提供することを目標として、当事業開始時がそうであったように、今後も時代にあったサービスを生み出していくことが期待される。

会社概要	
会社名	：iCareerup, Inc.
従業員数	：10 名（グループ 18 名）
資本金	：PHP2,000,000
会社設立日	：2012 年 6 月 15 日
住所	：6th Floor Maripola Building., 109 Perea St., Legaspi Village, Makati City, Philippines
TEL	：0915-845-9056（日本語対応）
URL	：www.icareerup.ph
E-Mail	：info@icareerup.asia
担当	：高橋　晃一
事業内容	：人材紹介サービス、人事・労務コンサルティング、社員研修

企業名　**MATSUMOTO LED Lighting System.**

LEDライトアップ事業で新規開拓
オリジナル製品〝MEGA ode〟を開発

企業概要

MATSUMOTO LED Lighting System. は、２０１１年に光電気通信システム株式会社のフィリピン子会社として設立され、オリジナルLED製品の販売、LEDライトアップ事業をフィリピンで展開している。

親会社である光電気通信システムは１９９１年に鳥取県で設立。建設業の電気通信工事、消防防災、電気工事等、工事業としての業務を行っている。２００１年からLED製品の開発を開始し、オリジナル製品として販売する。２００５年にはLEDスクエアライトの量産に踏みきり、LEDライトメーカーとして業種転換。２００９年７月に経済産業局大臣賞である「ものづくり日本３００社」の受賞を皮切りに、同年９月に鳥取県知事賞である「経営革新大賞　市場開拓賞」、２０１０年６月に中国地域ニュービジネス優秀賞である「一般社団法人　中国地域ニュービジネス協議会会長賞」、２０１２年２月に第４回ものづくり日本大賞である「中国経済産業局長賞」などを受賞している。

高い技術力を駆使したＬＥＤ製品で世界へ

消費電力が少なくＣＯ２（二酸化炭素）排出量も抑えられ、環境にやさしいのがＬＥＤ照明。２０１１年３月に起きた東日本大震災の影響を受けて日本でも節電意識が高まり、ＬＥＤ照明への注目が集まっている。駅や店の看板、住居・駐車場、さらにフットサルコートに至るまで、私たちの生活を明るく照らすＬＥＤ照明を開発・製造しているのが光電気通信システムグループのMATSUMOTO LED Lighting System.だ。

代表取締役の松本俊次氏は12歳にしてトラックの無線機を修理していたというほどの根っからの技術者である。「設計製作、試作とほとんどの内容を自社で行うため、特注品として物によっては他メーカーの２分の１以下の価格で提供することができるほか、単品オーダーでもお請けしています。市販品で適

切な機器がない等、既設機器の機能で『満足がいかない。こんな事ができないだろうか』等の要望にお答えできるようにしています。ご相談いただいたものによっては今までに作った物に近い商品があればもっと安く製作することもできます」と常に顧客目線の姿勢を貫いている。

代表取締役の松本氏をはじめ、製造部門・設計部門の各スタッフのノウハウを生かし、10年前からオリジナル製品の開発を着実に積み重ねており、２０１２年７月にＭＥＧＡｏｄｅ（メガオード）の商標を登録している。

もちろんＬＥＤ照明にはデメリットもあ

る。LED光に指向性があり、均一に光を放射することができない。しかし、光電気通信システムはその問題点を克服する技術を開発し、２０１１年1月に『新LED　ワイドスクエアライト（全周囲配光タイプ）』を発表した。全周囲に均一に広がる光は、水銀灯のように全体を明るく照明することができる。また、従来の製品は、取り付け台数が水銀灯と同じ台数を取り付ける必要があったが、この製品は3分の1の取り付け台数で同程度の照明効果が確保できるため、大幅なイニシャルコストと、ランニングコストの削減が可能となる（新拡散構造　特許取得登録　第４７４６１５２号）。

さらに、LED特有のグレアと呼ばれる不快なまぶしさもカットすることに成功している。この製品は、広場など全周囲を照明したい場合に最適となる。上方への光は公害となるケースもあるが、下方向のみを３６０度方向において照明する事で、上方向が全く出ないように設計されている。この商品にも、光電気通信システムの顧客目線の姿勢が貫かれているのだ。

近年、LED業界はエコロジー産業として急激に需要を伸ばしている。光電気通信システムでも増え続ける注文に対応して、２０１１年に工場と本社を新築することで増産体制を整えている。このような流れの中で事業拡大を見込み、製造部門と設計部門では社員の増員が図られ、「資格などは必要ありません。男性、女性も問いません。自分で工夫することができ、アイデアの豊富な人材を望んでいます。一緒に看板用LEDライトのシェア世界一を目指しましょう」と力強く語る代表取締役の松本氏。

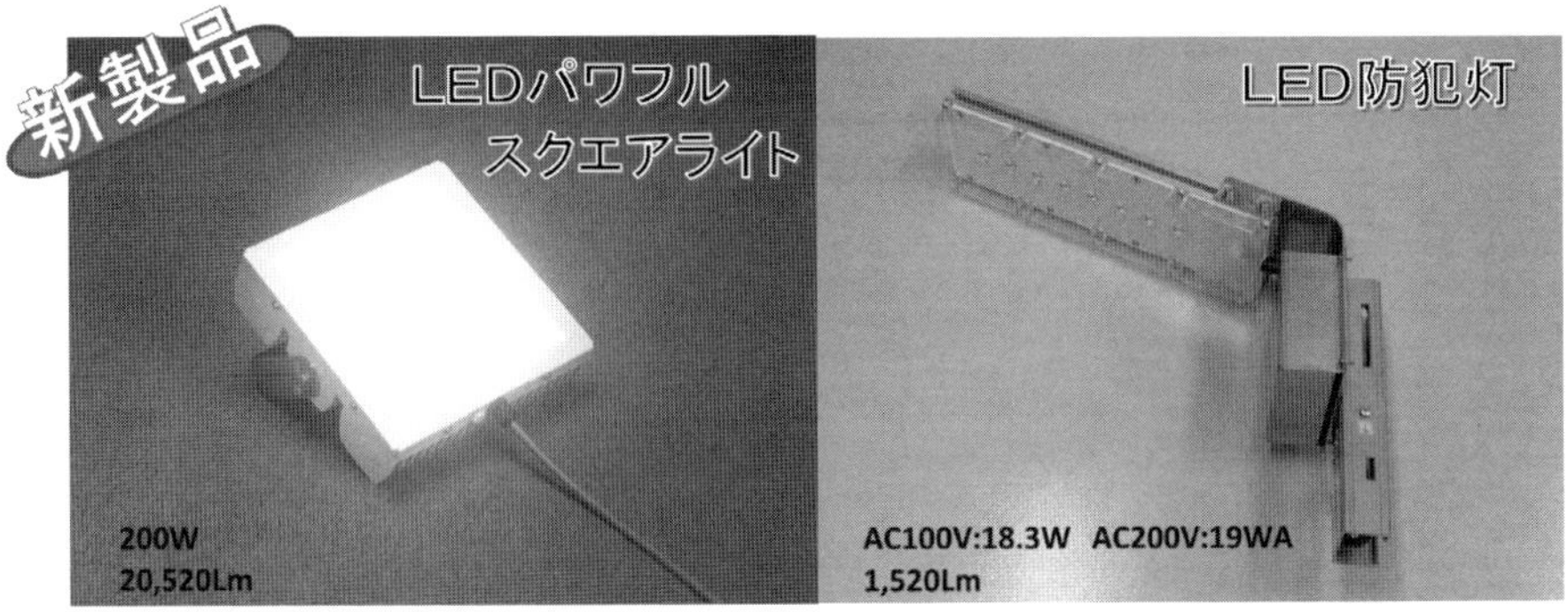

既に進出している韓国・ロシア市場に次いで、現在はフィリピンの市場開拓に取り組んでいる。高い技術力を支えているのは、光電気通信システムで働く社員だ。看板用ＬＥＤライトの分野で光電気通信システムが世界一になる日はそう遠くはないだろう。

会社概要

会社名	：MATSUMOTO LED Lighting System
代表者名	：ジョヴィリン サルヴァドラ ラサム マツモト
従業員数	：役員 5 名、社員 15 名
住所	：Magnolia Place 515 Ivy Bldg. Tandang Sora Ave. Ext. Mindanao Ave Quezon City, Philippines
URL	：http://hikariled.webs.com/
E-Mail	：h-denki@fancy.ocn.ne.jp ／ hikari@hikariled.bayandsl.ph
担当	：松本　俊次
事業内容	：オリジナル LED 製品の販売、LED ライトアップ事業 LED スクエアライト製造・販売、LED ライトアップ事業

製造

企業名　IIDA ELECTRONICS (TSUSHO) CO., LTD. Philippine Representative Office

電子部品の提案　LED照明の紹介で躍進
海外ネットワークを活用した部品調達が強み

飯田通商株式会社

企業概要

IIDA ELECTRONICS（TSUSHO）CO., LTD. Philippine Representative Officeは、1965年に設立した飯田通商のフィリピン駐在員事務所。2012年12月に設立し、フィリピン国内の民生機器メーカー、産業機器メーカーへ電子部品の提案活動や、フィリピン新規進出企業へのLED照明の紹介など幅広い提案活動を行っている。電子部品に関しては、シャープ、ヒロセ電機、ローム、ニチコン、岡谷電機のほか、中国華南地区の電子デバイスメーカー等、様々なメーカーを扱っている。

LED照明に関しては、工場向けに直管型LED照明を提案。すでにフィリピン国内で複数の工場、コンビニ等にも設置が決まっており、顧客の省エネ・コスト削減に貢献する。IIDAは大手民生機器メーカーのフォローの為にASEAN各国に拠点を設立。フィリピンのほか、シンガポール、タイ、マレーシア、ミャンマーや東アジア各国にも販売会社や事務所を構えている。

緊急時にも対応可能なグローバルなネットワークが強み

電子部品・電子機器の専門商社である同社は、ＡＳＥＡＮ進出企業向けに販売・提案を行っている。主な事業内容は次の４つだ。

①電子部品…シャープ、ヒロセ電機、ローム、ニチコン、岡谷電機など高品質な電子部品を取り扱う。また、グローバルなネットワークを生かし、部材調達を行っている。

②ローカル電子部品…中国華南地区のローカルメーカーを中心に取扱いをしている。価格競争の厳しい電子部品業界だが、価格が安く、品質の良いローカルメーカーを提案することで、価格競争力の面でも顧客に貢献している。

③ＥＭＳ事業…中国に自社工場を持っており、電子機器のＥＭＳ事業を行っている。香港ＨＵＢ機能を活用し、世界各国から部材を調達。メーカー機能と商社機能の両面を合わせることにより顧客のニーズに対応している。

④環境関連事業…ＬＥＤ照明や太陽光発電などの提案によって、顧客の省エネ、コスト削減に貢献している。

　ＩＩＤＡは日本国内に12拠点、世界７ヶ国に20拠点を持ち、グローバルな展開をしている。海外現地法人ネットワークを利用したグローバルな部品調達が強みだ。自然災害や緊急事態にも対応できる体制が整っている。

　ＩＩＤＡは「事業を通じ社会へ貢献する」こと

JACO
Japan Audit and Certification Organization for Environment and Quality

UKAS MANAGEMENT SYSTEMS 051
MS JAB CM021

飯田通商株式会社
本社・流通センター・名古屋支店・大阪支店
東京都千代田区外神田3丁目9番3号

登録証

登録番号：EC03J0271

ISO 14001:2004・JIS Q 14001:2004

日本国内ならびに諸外国に対する電子部品の総合卸売業務

当機関は、上記組織が、当該マネジメントシステム
要求事項に適合していることを証します。

登録日　：2004年 1月14日
更新日　：2013年 1月14日
発行日　：2012年12月26日
有効期限：2016年 1月13日

株式会社日本環境認証機構
東京都港区赤坂2-2-1
代表取締役社長　蛭田道夫

本証は登録証の一部ですので、付属書と合わせてご覧ください。

を基本理念として、エレクトロニクス産業の発展に貢献すると共に変化する時代のニーズに応えてきたが、今、地球環境保全の観点から強く求められ、そして新たな需要創出分野として脚光を浴びている「新エネルギー」や「環境関連」の取り組みの強化に向け積極的な事業活動を展開している。事業活動に伴う環境への影響を把握し、システムの継続的改善及び汚染の防止に努める具体策として、環境配慮商品の拡販、廃棄物の削減、エネルギー・資源の有効活用、グリーン購入の推進を行っている。

IIDA担当者は次のように語る。「グローバルに展開するエレクトロニクス商社として、最新鋭の電子機器の開発に貢献しています。携帯電話やスマートフォン、パソコンをはじめ、あらゆる電化製品に使われる部品。その進歩はまさに秒進分歩です。時代とともに広がる電子部品のフィールドで社会に貢献しているほか、今後はＬＥＤや太陽光発電などの環境関連事業や健康分野の事業を伸ばし、基盤をさらに強固にしていきます」。

フィリピンは電子部品の現地調達が困難なため、電子部品の提案を行っている。現在は駐在員事務所の為、フィリピン国内での取引は出来ず、IIDAのシンガポール販社からの販売となるが、今後はフィ

リピンでの販社設立を視野に入れ提案活動を行っている。常に顧客のニーズを叶える提案を行うことをモットーにフィリピンでの活動に力を入れていく予定だ。

会社概要

会社名	: IIDA ELECTRONICS(TSUSHO) CO., LTD. Philippine Representative Office
代表者名	: 小澤　健治
従業員数	: 1 名
会社設立日	: 2012 年 12 月 1 日
住所	: 7th Floor Maripora Bldg. 109 Perea St., Legaspi Village, Makati City 1229 Philippines
TEL	: +63297-77-0680
FAX	: +63297-77-0685
URL	: http://www.iida-tusho.co.jp/
E-Mail	: k-ozawa@iida-tusho.co.jp
担当	: 小澤　健治
事業内容	: 電子部品の提案、LED 照明の提案

企業名　MTEC WATER TREATMENT TECHNOLOGIES,INC

純水・超純水・排水処理設備の設計・施工
24時間対応の保守体制で管理

MTEC

企業概要

MTEC WATER TREATMENT TECHNOLOGIES,INC 社は、２００２年にフィリピンで落合健一氏によって設立された日系水処理設備会社である。２００７年にはオルガノ株式会社のフィリピン拠点の閉鎖に伴い、その後を引き継ぎ主として、日系の顧客企業へ純水・超純水製造設備、及び排水処理設備を納めてきた。代表の落合氏が30年以上培ってきた水処理技術を駆使し、最新の設備を提供している。

フィリピンで数少ない日系水処理会社

代表者の落合健一氏は〝水環境快適化カンパニー〟である日本錬水株式会社（現在は三菱レーヨンの１００％子会社）へ入社し、同企業で約20年間営業部門のトップセールマンとして実績を積んだ。その頃、フィリピンへ進出する日系企業が多く、日本錬水も日系企業のフィリピン工場の水処理設備を受注するようになった。落合氏も１９９２年頃から、フィリピン出張が多くなり、日系企業のフィリピン工場の方々からも信頼を得るようになったため、２００２年にフィリピンでの独立を決意し、ＭＴＥＣを設立した。

主に提供するサービスは、純水装置、超純粋装置、及び排水処理設備の設計、施工及びその後保守管理である。制御装置に関しても設計、制御盤製作も自社内で行なっている。その他、自社工場内にてイオン交換樹脂の再生、ＲＯ膜の洗浄を行なっており、更に水処理用薬品の製造・販売、冷却塔の保守管理等、水に関する幅広いサービスを提供している。

また工場内にはフィリピン環境省（ＤＮＲ）認可のラボラトリーも併設されており、全てのカテゴリーの水質分析を行なっている等、水処理のワンストップショップである。

主に、日系大手半導体メーカー、日系大手精密機器メーカー、アメリカ系一般消費財

メーカー等にサービスを提供している。

　日本人スタッフは現在７名在籍しているため、日本語での対応、日本的なきめ細かく、手厚い対応を可能としている。『24／7　オン　コール』（週７日　24時間対応の保守体制）にて深夜でも、顧客からの依頼があれば修理に駆けつける体制を整備している。半導体メーカー等水処理が不可欠な製造業で24時間運用している工場等からは特に重宝されている。「中小企業でしかできないサービス、中小企業の小回りの良さを生かしたサービスが弊社のセールスポイントです。お客様の〝かゆいところに手が届く〟サービスを提供し続けていきたいと思います」と落合氏は語る。

　工場を設立する際、必ず必要になるのが許可申請手続きである。だが多くの進出企業はそれに対しての情報が不足しており、専門家の助けが必要となる場合がある。そんな進出企業にはフィリピン内で新規設備導入に際してのＰＥＺＡ（フィリピン経済特区庁）への煩雑な許可申請も代行している。

　東南アジアの国々の中で、日系企業の進出先として、残念ながらフィリピンはこれまで注目されてこなかった。落合氏はフィリピンに進出する際は次のようなメリットがあり、進出先として検討に値するという。

・ＰＥＺＡ（フィリピン経済特区庁）による各種税金の恩典

は他の東南アジア諸国に比べて勝っている

- 英語が公用語のため書類関係は全て英語、また大部分のフィリピン人が英語を理解する
- 人口構成がピラミト型を維持しており、今後とも長期簡に亘って、豊富で安価な人材の採用が期待できる

「最近では、フィリピンも日系企業の進出先として徐々に見直される傾向にあります。今後ともフィリピンでは数の少ない日系水処理会社の一つとして貢献をして行きたいと考えています」と抱負を語る落合氏。

会社概要

会社名	：MTEC WATER TREATMENT TECHNOLOGIES,INC.
代表者名	：落合　健一
従業員数	：73名
資本金	：5千万ペソ
会社設立日	：2002年8月19日
住所	：Bldg.3,LSL Compound Diode Street, LISPP Ⅰ Bo. Diezmo, Cabuyao, 4025 Laguna Philippines
TEL	：+63-49-543-0942
FAX	：+63-49-543-0941
E-Mail	：mtec_kato@yahoo.co.jp ／ admin@mtecwater.com
担当	：加藤　平三郎／ Mary Lou E. Llera
事業内容	：純水・超純水・排水処理設備の設計・施工・保守管理、冷却塔メンテ、イオン交換樹脂の再生・販売　水質分析（DNR　認可）

企業名　**エア・ウォーター　フィリピン（ＡＷＰＩ）**

他にない高品質な金属処理技術であらゆるメーカーに対応 フィリピンの製造業を支える貴重な存在

製造

企業概要

AIR WATER PHILIPPINES, INC.（AWPI）は、２００２年に親会社であるエア・ウォーター株式会社（AWI）のフィリピンでの現地法人として設立。以来11年間、エア・ウォーター・グループ独自の高度なガス技術を強みとし、主にフィリピンの日系企業を取引先としてきた。親会社グループのエア・ウォーターＮＶが独自に開発した表面活性化処理とガス窒化処理の技術を組み合わせ、ＮＶ窒化と真空焼入（ガス冷却）においては品質の高い金属熱処理が可能である。また、オーステナイト系ステンレスの表面硬化にも対応が可能となる。従来の工法における問題を大きく補う同社の金属表面処理技術は、世界の主要国でも特許を取得するなど国内随一の技術を有すると自負しており、取引先にも高く評価されている。

大阪市に本社を持つ親会社のエア・ウォーター株式会社は、１９２９年に設立された北海道酸素株式会社が母体となっている。二度の合併を経て、今では１９５社余りの企業連合体となった。ガステクノロジーが主要事業であるが、同社の事業領域は多岐にわたり、産業ガス関連、ケミカル関連、医療関連、エネルギー関連、農業・食品関連、その他さまざまな業種に対応できる。

高品質な金属表面処理技術をフィリピンに

フィリピンにおいては２００２年の現地法人設立を通じ、ＮＶ窒化、真空焼入などの高品質な金属処理技術を提供し、現地産業の発展に貢献していると自負している。

一般的な窒化方法では、ガス窒化法、塩浴窒化法、イオン窒化法があるが、それぞれには課題があった。しかしエア・ウォーターは超低温処理、窒化処理後の面荒れや熱歪みを最小限に抑えることに成功し、精密部品・薄板製品等の量産が可能となった。

同社が提供するＮＶ窒化の技術により従来の３工法における課題をいずれも改善することに成功した。また、独自の技術であるＮＶ窒化においては化合物層と拡散層の制御が可能で、拡散層を犠牲にすることなく、化合物層の厚さを制御できる。

「真空焼入（ガス冷却）」は主に金型材料のＳＫＤ１１や６１、マルテンサイト系ステンレス等の焼入れを行っている。フィリピンでは現在熱処理を受託できる企業は他になく、同社はあらゆるメーカーの材料に対応できる。その他、浸炭、油焼入、焼鈍、パーマロイ処理（水素添加可能）、サブゼロ処理なども扱う。

同社のこうした技術は現在、産業関連、生活関連用品などさまざまな分野に活かされている。①ダイカスト金型の焼入、窒化処理、②樹脂成型金型の窒化処理、③鍛造金型の窒化処理、④紙幣及び券売機向けプレス部品への窒化処理、⑤実装機部品の窒化処理、⑥プレス金型の焼入、⑦治工具の焼入などの実績がある。

また取引先にはAICHI FORGINGo COMPANY OF ASIA,INC.（愛知製鋼グループ）、NIDEC COPAL PHILIPPINES CORPORATION（日本電産コパルグループ）、TERUMO（PHILIPPINES）CORPORATION、OKABE NIKOH CORPORATIONなどの対日系企業における実績が高く、同社はフィリピンの製造業を支える貴重な存在となっている。

経営理念

企業活動において水と空気を多量に扱うことから、環境保全は同社の重要な課題と考え

エア・ウォーター　フィリピン（AWPI）

られている。シンボルマークの楕円形は地球の姿を模しており、貴重な資源である水や空気を最も良い方法で暮らしや産業に役立てるという同社の企業使命を表現している。

取引先からも信頼されている高い技術を用い、こうした資源を暮らしや産業に使用するだけではなく、資源を元の状態に戻すまでを企業活動と捉え、地球を守る「地球資源循環カンパニー」を事業指針としている。

会社概要

会社名	：AIR　WATER　PHILIPPINES,　INC.
代表者名	：NAOHISA　SHIMADA　嶋田　直久
従業員数	：16 名
資本金	：Php78.59Million
会社設立日	：2002 年 9 月 3 日
住所	：Unit B,Winsouth One,No.140 East Main Avenue Loop,Phase 6 Laguna technopark,Binan,Laguna,Philippines
TEL	：+63-49-541-2759 ／ +63-917-565-3209
FAX	：+63-49-541-2673
URL	：http://airwaterphilippines.webs.com/
E-Mail	：shimada-nao@awi.co.jp（shimadaawpi@gmail.com）
担当	：NAOHISA　SHIMADA　嶋田　直久
事業内容	：金属熱処理受託事業。「窒化処理」「真空焼入 (ガス冷却、油冷却)」「焼鈍」「パーマロイ処理」「サブゼロ」「浸炭焼入」「HV、HRC 硬さ検査」等のサービスを提供

企業名　Nissin Precision Philippines Corporation（ＮＰＰＣ）

金型部品の設計・製作・組立を完結できる体制を実現
日本のものづくりＤＮＡを根付かせることに成功

企業概要

Nissin Precision Philippines Corporation（以下NPPC）は２００１年12月に日進精機１００％出資の独資企業としてフィリピンに進出。２００３年からハードディスクの部品の供給を開始し、その後、日本の大手企業に車載部品の供給を行う等実績を積み上げ、現在に至る。

今では、自前の金型設計が行えるようになり、金型部品の製作・金型の組立・完成が自社内で完結できる体制が整っている。設計から製造まで、一貫して自社で完成させた金型はこれまでに合計約60基にも及ぶ。

親会社と連携して技術者のレベルアップに努めることで、日本で培ったものづくりのＤＮＡをフィリピンでも根付かせることに成功。その功績は取引先企業や所属する工業団地からも高く評価されている。２０１２年の売上は約5億1千万円。２０１３年は6億円の予定。

設計から製造までを社内で完結　高品質の金型を短納期で

高精度を要求される電気・電子・自動車用精密部品の金型製作、順送り式金型を用いたプレス加工による安定供給に強みを持つ。社内に設計部門を持ち、日本の親会社に頼らずに金型の設計を行う。また、成形研磨機をはじめとする多数の工作機械や熱処理炉を有し、総合的な金型部品製作が自前で可能とする。

これら一貫した生産体制により、高品質の金型を短納期で完成する事が出来る。その強みを活かし、日本と東南アジア向けに金型（部品）を供給している。

ＮＰＰＣは、２００１年にバタンガス州サントトーマスのＰＥＺＡ団地ＦＰＩＰに進出。２００３年から東芝に高難度なハードディスク部品（Base とCarrigeSpacer）を供給し、その生産数量は約１億個に及ぶ。この製品の立ち上げ当初こそは、日本の親会社より技術支援を受けていたが、最終的にはＮＰＰＣ内部のみでの安定供給に成功した。

この功績を認められ、東芝より感謝状が送られ、またＰＥＺＡからは Pioneer Status の資格を付与された。これはＮＰＰＣの誇りであると同時に、日本で培った〝ものづくり〟のＤＮＡをフィリピンでも根付かせたことを

如実に物語っている。

　昨今では業務内容の拡大に伴い、車載用精密部品の販売が全体売上の60％を占めるようになった。部品加工用設備も充実させ、金型部品、検査治具、工具等の外販にも対応している。部品1個からの注文にも対応可能とする。

　フィリピン国内では困難だった、高難度かつ一貫した金型製作と部品の安定供給を行なえるようになり、品質・納期・価格（ＱＤＣ）面で着実に力をつけてきた。高い技術が要求される日系企業向けの仕事でも実績を残しており、また、比較的割安な同国人件費を強みとして、今では、中国や韓国の金型企業に対しても価格面で勝負できる競争力を有している。今後は、日系企業との間に更なるコミュニケーションを図り、積極的な技術共同開発も行なっていく。

　ＮＰＰＣの親会社である日進精機は１９５７年に東京都大田区で精密プレス金型の専門メーカーとして創設。その優秀な精密加工技術と周辺技術を活用することにより、金属プレス加工、ならびに反射板（リフレクター）の金型製作と樹脂成形の事業を展開。

　プレス加工においては、順送り金型による深絞りを得意とし、曲げ加工等においても難度の高い商品を中心に製作している。リフレクターでは世界でも高いシェアを誇る。

　更には、金型製作の際に必要な周辺機器を独自に開発し、

Nissin Precision Philippines Corporation（NPPC）

世の中の金型製作の効率化にも役立ってきた。また、金属パイプを３次元で加工するＣＮＣパイプベンダーを産学協同にて開発し、日本のみならず欧米を中心に多くの販売実績を残している。

同社創設後、親会社である日進精機は技術者を派遣したり、同社の技師を研修生として招き入れたりして技能のレベルアップに努めてきた。「お客様に喜ばれる商品とサービスを適正な価格で提供して社会に貢献する」というモットーをグループで共有し、ＮＰＰＣがフィリピンにおいて益々活躍していくことが期待されている。

会社概要

会社名	：Nissin Precision Philippines Corporation（NPPC）
代表者名	：Yasuo Yonesaka
従業員数	：159 名
資本金	：40,000,000 ペソ
会社設立日	：2001 年 12 月 1 日
住所	：Lot15A , First Philippine Industrial Park、Sta Anastacia, Sto Tomas, Batangas 4234
TEL	：043-405-5618
FAX	：043-405-5617
E-Mail	：yonesaka@nissin-precision.com
担当	：yonesaka
事業内容	：精密プレス金型製造、プレス加工（電気・電子・ＯＡ・自動車、等　順送金型による深絞りの製品が得意。トランスファー型応需）

企業名　RECE BUILDING SOLUTIONS, INC.（ＲＢＳＩ）

建設化学製品の製造、販売、技術サポート
競争力のある高品質と価格帯で急成長

BUILDING SOLUTIONS

企業概要

RECE BUILDING SOLUTIONS, INC.（以下ＲＳＢＩ）は、産業用および個人の住宅保有者に対して包括的で、付加価値のある環境に優しい建設ソリューションや建材を提供している。２０１１年に開業したばかりにもかかわらず成功を収めている背景には、競争力のある製品の品質の高さと価格がある。他の国際的なカウンターパートが生み出した品質と同等か、もしくはそれを上回る品質の高さで知られている。ＲＳＢＩは過去に手掛けたＲＥＣＥビルソリューションによって瞬く間に認知されるようになり、信頼が高く、一流と呼ばれる開発スタッフやプロジェクトの提案内容がプロジェクト入札時に高い評価を得るようになっている。フィリピンのCentury Properties、Ayalaland、Megaworld、SMDCを初めとして、今もなお同社の顧客リストに名を連ねる企業は増え続けている。

顧客、プロジェクトに応じたソリューションを

ＲＢＳＩの親会社となるＲＥＣＥ社は、革新的かつ体系的な建設ソリューションを通じて、高品質の製品を提供することで、顧客の期待を上回るよう努めてきた建設化学メーカーだ。

また、ＲＥＣＥ社は人類と人類を取り巻く環境の保護のための国際基準を満たす製品の生産を目指して、技術革新に焦点を当てている。ＲＢＳＩはＲＥＣＥ社の専属マーケティング部門でもある。同社の最高経営責任者（ＣＥＯ）であるRae Eldred C. Enecio氏は、ＲＥＣＥ社を所有し、ゼネラルマネージャーも務めている。同氏は物理学と化学の学位と、建設化学技術を開発する化学会社で働いていた経験を活かし、同社をここまで成長させた。

製品の質の高さとその価格を武器に、ＲＳＢＩは指数関数的に成長しCentury Properties、Ayalaland、Megaworld及びＳＭＤＣのような鍵になる開発会社やプロジェクト提案会社、してその請負業者とパートナーシップを築き続けている。

ＲＳＢＩは、〝単一のサイズではすべてに対応できない〟という信念を持っており、同社が適確な製品を製造・提供することで対処できるニーズを各顧客が抱えているかもしれないということを前提にして業務を行っている。そこで、顧客が目指す、住居としても、また産業的、商業的にも高度に専門化された構造を可能にする

ため、各顧客の要求に応じた特別仕様で最高品質の製品を即座に届けることに重きを置いている。

また、常に研究と技術革新を通して開発された優れた製品を製造するだけでなく、専門家の助言を提供したり、協議を行ってソリューションを提案したりすることで顧客との強固なパートナーシップを構築することにも尽力している。

フィリピンの会社として、同社のビジョンを達成するための鍵は、常に建設の分野で包括的かつ、付加価値のある環境に優しい建設ソリューションや建材を提供し、国際競争に勝つために努力し続けることであると考えている。特に現在のフィリピンは経済的に急速な発展を遂げている時期であり、チャンスと捉えている。

ＲＳＢＩは国際的な競争力を得るために、ローカル・グローバル双方のネットワークを通じて事業拡大に取り組んでいる。そのため、日本の投資家との連携やビジネスパートナーシップの締結にも積極的だ。建設化学製品のメーカーとサプライヤーとして、ＲＳＢＩはフィリピンや海外でのビジネスを拡大している日本の建設会社、開発会社、投資家との関係を構築していきたいと考えている。

そして経営を強化し、より多くの雇用機会を提供し、さらに環境にやさしいインフラと建物の構造を追求している日本企業に協力したいと意気込んでいる。

ＲＳＢＩは日本の文化やビジネス取引に精通した経験豊富な理事を有している。その理事はビジネスと法律、マーケティングの分野において日本の投資家と非常に緊密な連携をとってきた経験がある。そのため、ＲＳＢＩは既に数多くの日本企業との取引を可能にしてきた。確かな実績を持ち、成長を続ける同社と日本企業との連携に今後大きな可能性を見ることができる。

会社概要

会社名	: RECE BUILDING SOLUTIONS, INC.（RBSI）
代表者名	: MR. RAE ELDRED C. ENECIO
従業員数	: 32 名
資本金	: Php 5,000,000.00
会社設立日	: 2011 年 4 月 1 日
住所	: 8th Flr. Maripola Bldg., 109 Perea St., Legazpi Village , Makati City
TEL	: +632- 576-9051
FAX	: +632-621-5205
URL	: www.receenterprises.com
E-Mail	: rae_enecio@yahoo.com
担当	: RAE ELDRED C. ENECIO
事業内容	: 建設化学製品の製造、販売、技術サポート

企業名 **Nakayama Seimitsu Mnftg**

主に腕時計会社の外装部品を製造 時流を見定めた決断力

企業概要

株式会社中山製作所は１９５１年創業し、腕時計の部品製造をスタートさせ、光ファイバー通信のコネクタ、ＯＡ機器類の部品といった、金属の精密加工を生業としている。主要な生産設備はＣＮＣ自動旋盤及び精密二次加工機、樹脂成形機等。海外へは１９９４年に香港・深圳へ事業展開し、２００５年には広東省最北部にも生産拠点を増設。２０１３年には、同社香港現地法人による資本にてフィリピン・マニラ南部での新会社Nakayama Seimitsu Manufacturing Inc.(NSMI)を増設する。

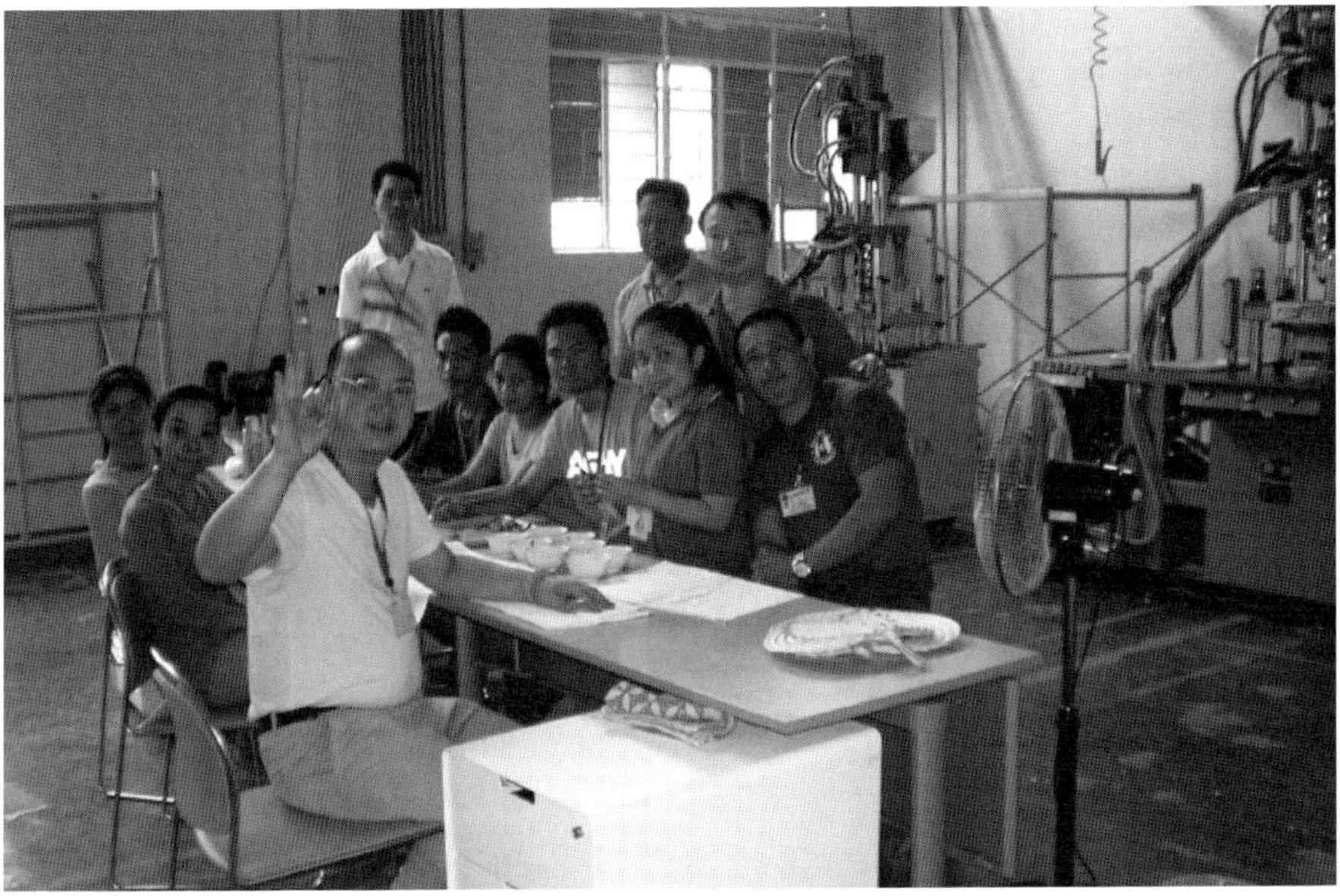

腕時計のパーツメーカーとしてフィリピン展開

昨今、時計業界は量産のため中国に生産拠点を移しているが、中国情勢を考慮すると他業界同様に安定供給・安定増産をするには中国だけではなく、生産拠点を中国プラスワンにする傾向が強まっている。そんな中、63年の社歴を持つ中山製作所も例外ではなく、顧客の依頼により中国にある二つの工場以外にも海外工場を持つことになったという。そのようにしてNakayama Seimitsu Manufacturing Inc.がフィリピンに設立された。

日本の本社ではセイコー、シチズン、カシオを代表とする腕時計会社の外装部品をはじめとして、京セラやアダマンド工業用に光ファイバー通信用コネクター等の製造販売をしていたが、２００２年のＩＴバブルを境にすべての製造は広東省内の製造拠点に移管された。これは日本の工業界の縮図ともいえるが、多くの大手メーカーから信頼を継続させるとともに華南エリアでの営業による顧客拡大も見逃せない。なお、フィリピン工場では主に腕時計会社の外装部品を製造する。

中山グループが担当している腕時計の外装部品

成功の秘訣は判断と実行の速さ

フィリピン、タイ、インドネシア、ベトナム等のＡＳＥＡＮを中心に調査した中、何故フィリピンだったのか。香港の同社事業拠点に近く、英語が通じる、PEZAの税制優遇措置があり、Cavite Economic Processing Zone（CEPZ）に入居できたからだという。日系の中小企業に人気の高いCEPZは、いつも満杯だったにもかかわらず入居できたこと、それにより他の日系中小企業と連帯して加工の協力も得たという。事前調査時から現地へ入り込み、情報収集をしながら、紆余曲折をものともせずに、フィリピンでの起業としては速いテンポで進むことができたのは、やはり中小企業ならではの判断と実行の速さだといえよう。

代表の山浦氏は、教育出版社の営業を経験後、現職へ転出。少量多品種の製造対策としてＰＣ（MSDOS当時）による生産管理・部材調達システムを考案。中山製作所の１９９０年代からの中国展開、広東省内に生産拠点2箇所と、営業拠点1箇所を立ち上げ、その後２０１３年にフィリピンでの今回の起業も担当している。

担当者が語る3つの強み

そんな、山浦氏に同社の強みは何かと伺ったところ、一つは「現実ありき、時流に沿ってゆくこと」だという。時流を見定めて、早い時期から中国への海外進出を行っている、さすが63年も息の長い会社だけはある。

二つ目は「外国人になれていること」だ。中国が長いため、工場を運営する上で必要なことは職務記述や機械の操作法を明確に、解かりやすく文書化することである。それにより、外国人でも標準化された高い水準の品質を保つことができ、現地化を可能にしている。現にフィリピンの立ち上げ時期には中国人が研修を行っているという。日本人だけに頼るのではなく、コストも抑えながら日本レベルの品質を保つのがコツであるという。

三つ目は会社のモットーでもある「スピード・チャレンジとconfirmation（確認）」だそうだ。フットワークは軽く、迅速に仕事をするのは当たり前、早くから当時未知なる中国に海外進出をしたことも、チャレンジ精神がうかがえる。品質を確保するには製造現場での自主確認だけではなく、顧客と常にコミューにケーションを保たなければいけない。不良品が無いように品質の確認には余念がない。

フィリピンで目指すのは「パーツメーカーの最終目的はお客様との共同開発」。顧客が必要なものを真に理解し、要望に応え、新しい商品を共同開発することによって、顧客の真のパートナーになることがパーツメーカーのあるべき姿だという。実際日本と中国で実現しており、フィリピンでも実現化するための整備を確実に行っている。

会社概要

会社名	：Nakayama Seimitsu Manufacturing Inc.（NSMI）
代表者名	：山浦　秀幸
資本金	：USD160,000
会社設立日	：2013年11月26日
住所	：Building 2　Road D, Lot 10 Block 5, Phase II Cavite Economic Processing Zone Rosario, Cavite
TEL	：+6346-437-0029
FAX	：+6346-437-0029
URL	：http://www1.odn.ne.jp/~cap12410/
E-Mail	：sgp_00@126.com
担当	：山浦　秀幸
事業内容	：金属と樹脂の精密インサート成形。主に腕時計の外装部品に使用されるが、他業種の精密部品への展開も検討中

企業名　DMCI Homes

月に250軒の住宅建設を手掛ける
都市型家族の現代生活ソリューションを開発

企業概要

DMCIは1995年、親会社であるD.M.CONSUNJIによって設立。都市に住む家族の現代生活のソリューションを開発する革新的な住宅建設の専門会社である。同社は1995年4月27日に〝DMCI不動産開発〟としてSECに登録し、4ヶ月も経たない同年8月に、DMCIホールディングスの住宅部門として、不動産開発の事業を実施する〝DMCIプロジェクト開発〟に社名を変更する。その後、2002年に現在のDMCI Homesブランドが立ち上がり、今に至る。親会社のD.M.CONSUNJIは建設・開発業者として国内では「Ayala Tower One」、国外では「ブルネイ宮殿」等数々の高層から有名な建築物を手掛けてきているフィリピン屈指のゼネコンで、清水建設との提携経験もある。DMCIは60年近くに渡る親会社のノウハウを大いに活用し、一戸建てだけでなく、コンドミニアムの建設も手掛ける。

パイオニア精神の伝承が導く可能性

DMCI Homes の親会社であるD.M.CONSUNJI が設立されたのは1954年で、2014年には60周年を迎える。フィリピンの〝Builder of Landmarks（ランドマークの建設者）〟と呼ばれ、フィリピンの建設産業において、高度なエンジニアリング技術を応用し、新たな建設の在り方を生み出した先駆者として知られている。

これまでにフィリピン国際コンベンションセンター（PICC）、SMメガモール、G4混合開発プロジェクト、証券取引所（アヤラ）、パシフィックプラザ、マニラホテル、MRT-3等、500近いプロジェクトを成功させてきた。シンプルな礼拝堂からマンション、橋梁、工業プラントや発電所、灌漑ダム等、プロジェクトの内容も幅広い。4割が金で出来ているブルネイ宮殿の建設は、困難なプロジェクトにも果敢に挑戦するDMCIらしさが見て取れる。

同社が大切にしてきた個別具体的な対応と革新的な姿勢は、創業者兼会長であるDavid Mendoza Consunji氏の価値観を反映したものである。

2002年にDMCI Homesはブ

ランドとして確立されることになるが、商業運転が始まったのはアジア金融危機真っただ中の１９９９年だった。未開拓の市場を開拓し、新境地を破るソリューションを提供することを目指す決意を固めての出発だった。同年には初めてのプロジェクトとなるTaguig市に位置するレイクビューナースを手掛け、２００２年の初の他社との協働プロジェクトでは、丸紅と大木と共に成功させた。ＤＭＣＩは瞬く間に成長し、現在では毎月２５０軒の新築の家を完成させる程になっている。

60年近くに渡って培われてきた親会社のノウハウを最大限活かした住宅プロジェクトは、世界基準の技術を積極的に採用し、顧客のためにコストを抑える効率性を追求しながら、建設・開発産業において競争力のあるオンタイム・デリバリーを実現させた。

住宅購入は、人間にとっての基本的なニーズであると同時に、家族にとっての最大の投資でもある。購入者のニーズや希望に対して、深い考察と直感的な洞察をフル稼働させた結果、理想的な立地、充実した設備を若い人でも手が届く価格帯で提供することを実現させた。同社は住宅そのものだけでなく、コミュニティを含めた住み易さにも配慮を欠かさな

DMCI Homes

い。設備に関しても、機能性だけでなく、雰囲気作りにも重きをおいており、フィリピンの家族が、より快適で、バランスのとれた生活を送ることを可能にしている。

DMCIは〝名誉ある利益(Profit with Honor)〟を原則としており、誇りを持って仕事をしている。この姿勢こそが、顧客の満足、同社スタッフのキャリア開発、持続的な投資の伸び、ビジネスパートナーとの相互に有益な関係構築、環境コンプライアンスの追求、といった原動力となっているのだ。

親会社のD.M.CONSUNJIがそうであったように、DMCIもインスピレーションと技術革新を大切にし、住宅建設産業において、名誉ある功績を残していくことを目指している。

会社概要

会社名	: DMCI Homes
代表者名	: Alfredo R. Austria
会社設立日	: 1995 年
住所	: 1321 Apolinario St., Brgy. Bangkal, Makati City, Philippines 1233
TEL	:（日本語対応）+632-823-9948 ／ +8150-6863-4454
FAX	: +632-801-9711
URL	: http://www.dmcihomes.com/
E-Mail	:（日本語対応）info@first-scene.jp ／ fudosan@linc.asia
担当	:（日本語対応）池田／梅澤
事業内容	: 住宅建設

企業名　ファースト オリエント デベロップメント アンド コンストラクションコーポレーション（FODCC）

総合建設とプロジェクト管理に特化したゼネコン
技術と安全管理に定評

企業概要

First Orient Development and Construction Corporation（FODCC）は2002年に設立されて以来、総合建設業に従事しているゼネコンである。民間及び政府関連のプロジェクトでジャンルを問わず土木、構造工学、電気機械工事の分野にサービスを提供している。FODCCは、総合建設とプロジェクト管理に特化したエンジニアリング・建設会社である。

技術と安全管理

「技術と安全管理については自信があります」と語るのは10年以上総合建設業を営んでいるＣＥＯのFRED O. DELA CRUZ氏。総合建設とプロジェクト管理に特化したエンジニアリング・建設会社である同社は、安全と技術に定評のある企業だ。

顧客のニーズと期待をまず優先するサービスの提供を会社の方針として掲げている。常に初心を顧みつつ、今後も力をつけながら、継続的に建設業界での地位を向上させるべく責任ある価値観と技術を育む優秀な組織づくりを心掛けている。

提供する5種類のサービス

①総合建設業
土木、構造工学、建築業務
機械、電気、配管工事
②デザインと詳細設計
土木、構造工学、建築業務
機械、電気、配管工事
③テスト、試運転、バランシング
機械、電気、配管工事
④プレハブ式の鋼構造建物のデザイン、供給、製造、建築
⑤重機器レンタル

主な実績には、Unilab Pharma の倉庫、フィリピン有数のスーパーマーケットチェーン店 Shopwise（11,000sqm のデパート付ショッピングセンター）、Amherst Liquids 工場、Maplehaus Office Building の建設などがある。

安全についても高い意識も持っており、事故を避けるための最善の方法として予防措置を徹底することと、労働者の継続した安全意識の厳守を実践している。２０１２年には労働省（Dept. of Labor）から「ロスタイム無し／無事故連続２百万時間達成（2Million Man-hours without loss time accident）」を表彰されている。

同社は企業内で働いている労働者を最も貴重な資産であると認識しており、労働者の福祉については配慮を欠かさない。

環境を考えた建設

アメリカ緑の建築協議会（U.S Green Building Council）に２０１１年からメンバーに加わるなど、革新的な試みにも積極的に取り組んでいる。同協議会のエネルギーと環境設計、または

ファースト オリエント デベロップメント アンド コンストラクションコーポレーション (FODCC)

LEED(Leadership in Energy and Environmental Design) 緑の建築水準を使用した建設プロジェクトに参加資格がある数少ないフィリピン企業である。

建設業界とプロジェクトマネージメントの最新トレンドを追いつつ、最新技術を取り入れながらこれからも前進し続ける。常に技術を強化・高めることを目指しており、今まで国内外の一流企業で研修と経験を積み、確かな技術をもった技術者とサポート・グループが、日本の企業も満足させるサービスが提供できるよう努力を続けている。今後はフィリピン国内に留まらず、海外でもプロジェクトを推進するため精力的に活動の場を広げていく。

会社概要

会社名	: First Orient Development and Construction Corporation（FODCC）
代表者名	: Fred O. Dela Cruz
会社設立日	: 2002
住所	: Unit 702 & 704, 7F, Alabang Business Tower 1216 Acacia Ave., Madrigal Business Park Ayala Alabang, Muntinlupa City 1770
TEL	: (+632) 809-3439
FAX	: (+632) 809-3909
URL	: http://www.fodc.com.ph/
E-Mail	: info@fodc.com.ph
担当	: Fred O. Dela Cruz
事業内容	: 総合建設（ゼネコン）とプロジェクト管理に特化したエンジニアリング・建設会社

企業名　**アヤラ・ランド**

フィリピン最大の総合・完全一体型不動産開発業者
オフィス、ショッピングセンター等開発のパイオニア

AyalaLand
INTERNATIONAL SALES

企業概要

国内最大の複合企業であるアヤラグループは、多彩な分野をリードしている。その影響力は不動産開発、銀行や金融サービス、通信サービス、水道関連インフラの開発及び管理、電子技術、ＩＴ、自動車、そして国際取引まで広がる。その不動産部門として80年前にスタートして以来、アヤラ・ランドは特徴的なプロジェクト、住宅地域、オフィスやライフ・スタイルの中心地などの開発をリード。88年には別の事業体として分社化され、Ayala Land, Inc. が誕生した。

持続し得る企業

鉄と石は建物の基礎を頑丈にする。しかしより頑丈なのは、全体性、信頼、そして献身という強固な原則の基に建てられたものである。フィリピン最大、そして唯一の総合・完全一体型不動産開発業者であるその企業理念は、ただの土地開発に収まらない。

アヤラ・ランドのモットーは、「土地開発により、より多くの人々の生活を豊かに」である。不動産ビジネスを行うだけでなく、都市、コミュニティー作り、オフィス、ショッピングセンター等の開発のパイオニアとして国造りのパートナーと言って過言ではない。

フィリピンではアヤラ・ランドと不動産は同義語となる。国内最大かつ最高評価の複合企業であるアヤラ・コーポレーションの不動産部門として80年前にスタートして以来、アヤラ・ランドは特徴的なプロジェクト、住宅地域、オフィスやライフ・スタイルの中心地などの開発をリードしてきた。

アヤラ・コーポレーション及びその子会社と関連企業は、多彩な分野をリードしている。その影響力は不動産開発、銀行や金融サービス、通信サービス、水道関連インフラの開発及び管理、電子技術、ＩＴ、自動車、そして国際取引までに広がる。

１９４０年代にはマカティ市の都市整備25年計画を発表。その中にはForbes ParksやSan Lorenzo, Bel-Airなどフィリピン初の高級住宅街の分譲の開発も含む。

60年代にはマカティの商業センターの開発にも着手。単なる未開発な沼地から現在ではフィリピンの金融首都までとなっているマカティーだ。マカティ開発はア

ヤラの歴史の中の金字塔である。

その後数十年と、アヤラは常に目覚ましい成長を遂げてきた。70年代にはマカティ外での初の開発であるアラバンへ進出し、80年代には数十億ペソのプロジェクトをセブで始める。

88年にはアヤラの不動産部門は別の事業体として分社化し、アヤラ・ランドが誕生した。これをきっかけに、生活向上という企業理念は更に強化され、90年代にはセブ・ビジネスパークやボニファシオ、そしてNUVALIなど様々な開発に着手した。

Cebu Park Districtはフィリピン南部の主要ビジネス地区として急速に浮上。ビジネスシーンに自然環境を統合し、全体計画されたビジネス地区。この目覚ましい開発には緑の爽やかな広がりと舗装された道を背景に最先端のオフィスと住宅、地域のショッピングセンター、ホテル、スポーツクラブ等を50ヘクタールの一等地にて提供。

フィリピンの次の主要なビジネス地区、ボニファシオグローバルシティ（ＢＧＣまたはフォート）は〝生活、仕事、遊び〟を見事に統合して、活気ある生活体験・生き生きとした仕事空間・クリエイティブな表現の場を提供できるようにマスタープランされている。ＢＧＣは野外1キロに並ぶ小売店やレストランなどが立ち並ぶボニファシオハイストリートに代表されるように、そのオープンスペースのために知られている。

NUVALIはフィリピン最初で最大の持続可能な複合用途開発。

アヤラ・ランド

ラグナ市のカランバとカブヤオに位置する1840ヘクタールの開発は、住宅、商業、オフィススペース、娯楽施設や機関の複合により南部ルソン地域の成長センターとして見込まれている。

アヤラ・ランドの次なる開発はThe Suites at One Bonifacio High Street, Park Terraces, Park Point Residences, Elaro Nuvali, Escala Salcedo, High Street South Block, Kroma Tower, Kasa Luntian, Avida Towers 34th Street, Avida Towers Centera, Avida Parkway Settings Nuvali, Amaia Scapes Capas, Amaia Skies Avenida, Amaia Steps Sucat.

数百万人も影響する都市づくりから、家族を育てる個々の住宅まで、アヤラ・ランドは多岐の開発にわたり、絶えずその土地と生活の向上を強化している。上記の事実はアヤラランドの開発は永続的である確たる証拠である。

会社概要

会社名	：Ayala Land International Sales, Incorporated
代表者名	：Ms. Anna V. Tatlonghari (General Manager)
住所	：3/F Makati Stock Exchange Building, Ayala Triangle, Ayala Avenue, Makati City 1226, Philippines
TEL	：（日本側窓口）+81-3-5666-5670（日本語対応）+632-823-9948／+8150-6863-4454
FAX	：+813-5666-5656／+632-801-9711
URL	：www.ayalaland.com.ph
E-Mail	：（日本語対応）info@first-scene.jp／fudosan@linc.asia
担当	：Mr. Manuel U. Arbues II（日本側窓口）株式会社ファーストシーン 梅澤／（日本語対応）池田
事業内容	：Ayala Landの国際事業部門。アジア、オーストラリア、北アメリカ、カナダ、ヨーロッパ、中近東等へのAyala Land物件のマーケティング及び販売を行っている

企業名　**Carmelray Development Corporation**

工業団地の開発と管理のパイオニア A1プレミア経済特区を手掛ける

企業概要

Carmelray グループは、主に工業団地、居住区、補助環境インフラとサービスの総合開発を手掛ける。設立されたのは１９９０年で、現在ではフィリピンでも有数の開発会社の一つにまで成長した。

その中で経済特区開発部門であるCarmelray Development Corp. は、工業団地の開発と管理のパイオニアでもある。主なところでは3つの経済特区、Carmelray Industrial Park 1、Carmelray Indusrtial Park 2 と Carmelray International Business Park 1 を開発し、管理している。

日本企業の間で人気を集めるプレミア経済特区

Carmelray グループは、高度な技術と環境的に持続可能な方法で、国土やインフラ、成長分野の関連サービスの開発を通して、フィリピンを工業的にも発展させることを目指している。同社の使命は、確実な利益を生み出すために、最高水準の技術によって、産業都市化と関連サービスの開発に取り組むことであり、自身の長年の経験、強力な技術、洗練されたサービスと持続性を活かし、その使命を果たすべく邁進している。

それを実現するためにマニラの市内中心部から約54キロ南にあるラグーナ・Camaba市に３つの経済特区を開発した。Carmelray Industrial Park 1、Carmelray Indusrtial Park 2とCarmelray International Business Park 1には日系企業が多数集中しているCalabarzon 地域の中心部に位置している。

Carmelray Industrial Park 1（CIP1）は、２７０ヘクタールもの広大な敷地に作られ国際基準を完全にクリアした工業団地である。工場が多く集まっているほか、管理とサポートを行うサービスセンター、商業地区、公園を保有し、さらに41ヘクタールの特別輸出加工区も置かれている。ここでは多くの投資家が簡素な輸出入手続きと税制上の優遇措置の恩恵を享受できるようになっている。

同工業団地は、フィリピン経済区庁（PEZA）でA―1にランク付けされており、ロケーターからの評価は最高レベルだ。東芝、スズキ、東洋インキなどの日本企業も工場を構えている。Carmelray International Business Park は、Carmelray 工業団地Iに隣接し、Carmelray 工業団地Iと同レベルのインフラを保有している。Carmelray 国際ビジネスパークにおける日本の大手ロケーターは富士フィルムオプティクスフィリピンである。

Carmelray Industrial Park 2（CIP2）は、その最高水準のインフラや設備、ロケーターサービスが評価を受け、多くの賞を受賞してきた。パナソニック、サムスン、TOTOKU フィリピンといった、大手企業が同工業団地を活用している。

プロジェクトの支援者たちは、同工業団地を世界規模の工業団地に発展させ、環境設計のインフラや設備を中小規模の業界ロケーターに提供することを想定していた。産業の発展と環境保全という要求に対して効果的に応じるため、細部にまで行き渡る不動産管理システムを徹底することをマスタープランにおいて強く宣言している。これが Carmelray のこだわりであり、強みだ。

Zaldarriaga 氏は「Carmelray は日本企業の高い品質基準に応えることができます。当社が開発した工業団地に複数の日本の企業が工場を建設し、現在も我々のサービスを受け続けていることが、当社サービスの質の高さを証明していると言えるでしょう。関連する日系企業が新しい工場建設地を探す際、そういった事実が我々の工業団地とそのサービスを推薦してくれていることになっています」と語る。

Carmelray は顧客と共に、サービスの質の向上を常に模索している。その姿勢がここまでの成長を可能にしたのだろう。要求の高い日系企業からも信頼を勝ち得てきた実績を持つのが Carmelray である。海外からも注目を集め始めているフィリピンの経済発展への貢献が大いに期待されている。

会社概要

会社名	: Carmelray Development Corporation
代表者名	: Eduardo C. Abores
従業員数	: 50 名
住所	: 7th Floor, Rufino Plaza, 6784 Ayala Avenue, Makati City Phone:（02）810-6306
TEL	: +632-810-6306 /（日本語対応）+632-856-0038; +8150-6863-7722
URL	: http://www.carmelray.com/index.php
E-Mail	: fudosan@linc.asia
担当	: F. Francisco S. Zaldarriaga - VP ／（日本語対応）池田
事業内容	: 工業団地の開発・管理

企業名 **Century Properties**

公的な不動産開発、資産運用を含む広範囲なサービスを提供
フィリピン国内の有名な建築・開発を数多く手掛ける

CENTURY
PROPERTIES GROUP, INC.
REAL ESTATE WITH PASSION

企業概要

最大級の合同私財投資会社のグループ会社だったCentury Propertiesは、公的な不動産開発会社へと再編された。不動産開発、営業および不動産関連の資産運用を含む広範囲に渡るサービスを提供している。

Versace Homes や Trump 社といった世界的に有名なブランドとのコラボレーションでも知られており、そのデザイン性には定評がある。フィリピン国内の有名な建築・開発を数多く手掛ける一方、ヨーロッパ、北アメリカ、中東にも事務所を構える世界規模の企業である。1975年の設立以来、この業界において確固たる地位を築いてきた。

日本人向けには株式会社ファーストシーンが業務を担当している。フィリピンの不動産に注目が集まっている昨今、当社への期待は益々高まることが予想される。

ブランドデザイナーが手掛けるコンドミニアム

不動産業界において、最高レベルの業績を残してきた企業の一つとして知られる同社は、これまでに22棟以上のコンドミニアム（ユニット数４、２００以上）及び７２０軒以上の住宅を建設してきた。プロジェクトの成功率は１００％で、高い信頼を得ている。

　その注目すべき開発の一例として、受賞歴のあるFort Bonifacioの〝Essensa East Forbes〟（通称〝Essensa〟）が挙げられる。さらにMakatiとOrtigasにおける「メディカル・プラザ・プロジェクト」を手掛け、医療施設の新しいコンセプトを打ち出すことに成功した。

　２００７年には、MakatiのKalayaanアベニューにおいて「センチュリーシティー」と呼ばれるプロジェクト開発に着手する。このプロジェクトは、３・４ヘクタールもの土地を活用し、この商業エリア内にコンドミニアムやショッ

ピングモール、オフィスビル等を建設するという大規模なプロジェクトである。現時点で、〝Gramercy Residences〟（六本木ヒルズを設計した世界的に有名なJerde Partnershipとの共同設計）、〝Knightsbridge Residences〟、〝Milano Residences〟（Versace Homesとの協働）、〝Trump Tower Manila〟（Trump社からの認可を受け当社が建築を担当）、〝Centuria Medical Makati〟（GEとの協働）およびショッピングモールといった5つのプロジェクトが進行中である。

２００９年には、手頃な価格帯市場への参入における最初のプロジェクトとして、Parañaque市のSM Bicutanの側に位置する〝Azure Urban Resort Residences〟に着手した。この9棟のコンドミニアムは数々の賞を受賞してきたBroadway Malyan社によってデザインされ、そのエリアの8割の敷地がオープンスペース及びフィリピン初の人工ビーチで構成されている。

さらに、２０１１年に〝Acqua Residences〟の建設を開始。6棟の建物のうち1棟の内装を、イタリアのブランド、Missoniと共同で手掛けている。リース、販売からファシリティズ・マネジメント、オークションサービスまで、広範囲に渡るサービスを提供している。不動産に関する資産運用もその一つだ。外部の資産家および経営者の固定客の獲得にも成功してきた。

同社は現在までに１９０万平方メートルにおける43戸の建物を管理してきた。CPMIの不動産管理システムが、建物の安全性を保障し、且つ、資産価値を維持することを可能にしてきたのである。資産運用についてはOrtigasのアジア開発銀行、マニラのPhilippine National Bank Headquarters、Makati の BPI Buendia Center、Pacific Star Building、Makati Medical Centerと提携して行っている。

また、親会社は、フィリピン国内の、住居に関する一般的な考えを覆したことが評価を得て、不動産業において躍進した。今となっては当たり前の〝Fully-Fitted〟または〝Fully-Furnished〟（〝FF/FF〟）と呼ばれる、入居時から既に家具や付属品が完全に装備されている今までにないアイディアが評判を呼んだのである。こういった斬新な発想も同社の特徴と言えよう。

同グループが培ってきた経験を活かし、フィリピンのあらゆる層の人々に良質の住宅を提供していくという使命を果たしていくことで、国内の不動産開発業界において君臨していくことは間違いないだろう。

会社概要

会社名	：Century Properties Inc.
代表者名	：Jose E. B. Antonio
会社設立日	：March 23, 1975
住所	：21st Floor, Pacific Star Building Sen Gil Puyat Avenue corner Makati Avenue, Makati City.
TEL	：（日本語対応）+632-823-9948／+8150-6863-4454
FAX	：+632-801-9711
URL	：http://www.century-properties.com/
E-Mail	：（日本語対応）info@first-scene.jp／fudosan@linc.asia
担当	：（日本語対応）池田／梅澤
事業内容	：公的な不動産開発、営業および不動産関連の資産運用を含む広範囲に渡るサービス

企業名　ファーストシーン・フィリピン

日本国内で新築高級コンドミニアムを販売
安心・安全・適正価格で高評価を獲得

FIRST SCENE
International ～asia～

企業概要

ファーストシーン・フィリピンは、フィリピンの数ある不動産開発会社の中でも特に信用度が高い上場企業の開発物件を中心に、日本の顧客へ「安心・安全・適正価格」にて紹介。これまでに日本国内にて新築高級コンドミニアム２５０件、事業用不動産10万㎡超の販売実績があり、個人から法人まで、顧客層は幅広い。

また、海外の不動産投資に関するセミナーを日本国内で開催し、初心者にもメリット・デメリット、リスク・リターンを分かりやすく、丁寧に案内している。海外コンドミニアム視察ツアーも企画・主催しており、直接現地で海外不動産を確かめることもできる。顧客の立場に立った支援や、日本での不動産業の経験が可能にする質の高いアフターサービスで、日本の投資家から信頼を得ている。

日本国内での経験が手厚いサポートを可能に

２０１２年にＡＳＥＡＮで最も高い成長率を記録したフィリピン。全国での人口も1億人を超えようとしている。首都、メトロ・マニラでは、人口増加と欧米各国の事務所やコールセンターの参入によって、不動産稼働率は平均9割を超える。東京の不動産会社、ファーストシーングローバルネットワークグループは、こうしたフィリピンの不動産市況に早くから注目していた。

ファーストシーングローバルネットワークグループは、分譲マンション開発や賃貸物件管理等幅広く扱い、「仕入」「企画」「開発」「建設」「販売」「管理」全てを一貫して当グループで行っている。設立後17年に渡って国内で獲得したノウハウが、海外でも日本と同質の信頼できるサービスを提供することを可能にしているのだ。

日本国内ではグループ関連会社が本社を含め、10店舗を運営しており、今後は自社オリジナルブランドである「First Scene Shop」という海外不動産も取り扱う不動産ショップを日本全国に展開していく予定だ。将来的には海外10ヶ国20拠点に現地法人を順次設立していく計画である。特にフィリピンは経済の発展に伴い、人口の増加、観光業の活性化が期待される。同社の

活躍の機会は益々増えていくことだろう。

２０１１年に設立されたファーストシーン・フィリピンは、フィリピンの中でも特に信用度の高いアヤラ、ロビンソン、センチュリー、DMCIと言った大手上場不動産会社の仲介を任されている。また、世界で活躍する会計士や弁護士とネットワークを組み、現地の法制度や税制を押さえた高いソリューション能力を有している。さらに、金融機関からも高い信用を得ており、顧客の銀行口座の開設や借入金の折衝等もサポートしている。

フィリピンの新築高級コンドミニアムは購入後、完成引き渡しまで数年かかる場合がある。ファーストシーン・フィリピンは、日本の本社を通じ、日本在住でも購入から引渡し、また、転売や完成後の賃貸募集、物件管理まで可能なサポート体制を設けている。同社はフィリピン国内及びアメリカでも信頼のおける不動産業界団体3つに加盟しており、常に最新の情報を提供している。

フィリピンのコンドミニアム販売では、一般的に完成までに物件総戸数の60%が売れていないと、建設が中止になることがある。ファーストシーン・フィリピンが取り扱う上場不動産企業では建設が中止されたことはなく、どの物件も良好な販売実績や、その後の高い賃貸入居実績を誇っている。こういった点にも、当社の「安心」へのこだわりがうかがえる。

会社概要

会社名	: Firstscene Philippines Inc
代表者名	: 塀和　壮一
従業員数	: 10
資本金	: 1,145,000ペソ
会社設立日	: 2011年6月29日
住所	: 7th Floor Maripola Bldg., 109 Perea St. Legaspi Village Makati City
TEL	:（日本側窓口）+81-3-5666-5670（日本語対応）+632-823-9948／+8150-6863-4454
FAX	: 81-3-5666-5656／+632-801-9711
URL	: http://www.first-scene.jp/
E-Mail	:（日本語対応）info@first-scene.jp／fudosan@linc.asia
担当	:（日本語対応）池田／梅澤
事業内容	: フィリピンにおける投資用・事業用不動産の企画・仲介、不動産投資セミナー・現地視察ツアー企画・開催、各種コンサルティング業務

企業名　**リマ　ランド**

政府の重点地域・リマ工業団地を開発・運営 信頼できる日本企業が万全のサポート

企業概要

リマ・ランドは、丸紅株式会社とアルソンズランド社（フィリピン大手不動産会社）の合弁会社であり、マニラ首都圏の南方65㎞にあるバタンガス州でリマ工業団地（リマ・テクノロジー・センター）の開発・運営を手掛けている。同工業団地は、商業施設・住宅開発を併せ持つ「総合都市開発」をコンセプトとして開発。現在、多くの日系企業を含む48の企業が入居している。

1998年の創業開始以来、丸紅株式会社の社員が常駐し、フィリピンへの新規進出及びリマ工業団地内での工場等の操業をサポート。日系の全入居企業に対して月に1度、リマ社長会を開き、生きた情報交換を実施しており、入居企業より高い評価を得ている。丸紅本社にも工業団地駐在経験者が常駐し、日本からフィリピン進出をサポートしている。

抜群の立地と安心の設備

リマ・ランドが開発し、運営しているリマ工業団地は抜群の立地条件が強みの一つとなる。マニラ首都圏から高速道路で1本、約60分の通勤距離であり、フィリピン政府が重点工業地域として指定しているカラバルゾン・エリアのほぼ中心のバタンガス州に位置している。また、マニラ港とバタンガス港の２つの国際港の利用が可能となっており、マニラ首都圏とバタンガス港を結ぶ高速道路に近接する将来性豊かな地域である。

同工業団地は標高３５０ｍの高台にあり、敷地内の冠水の心配も無用となる。工業団地を核とした商業施設・住宅開発を併せ持つ「総合都市開発」をコンセプトして開発されたため、住宅エリアやホテル、銀行、日本食レストランも揃っており、日系企業にはありがたい環境が整っている。

半径10㎞圏内（従業員の通勤可能距離）に人口48万人が住んでいる。22の大学より毎年６，０００人超の学生が卒業するほか、３万５千人の高校卒業者もおり、労働力の宝庫であるとも言える。英語が話せる労働者が多い点も大きな強みだ。また労働組合が組成された

入居企業は1社もなく、安心できる労働環境となっている。

２０１０年以降の入居企業の動向例は次の通り。

・セイコーエプソンが工場増設を完了、隣接土地を追加取得。インクジェットプリンターに加え、プロジェクターを生産開始。

・古河ＡＳが新規土地取得。自動車用ワイヤーハーネス組み立てを操業開始済み。

・バンダイが17年振りの自社工場を建設中。カプセル玩具を生産予定。

・ブラザー工業（インクジェットプリンター製造予定）向けのサプライヤーが複数、新規に土地取得。

２０１０年以降、フィリピンの労働力及び輸出企業向け税制優遇制度が再評価されつつある。多くの新規進出を決定した日系製造業社は、労働力確保や労働費急騰に苦労する中国華南地区やベトナムからの移転や拡張の動きを見せている。大手セットアップメーカーが多数操業を開始しており、部品サプライヤーからの問い合わせが急増している。リマ工業団地においては、賃貸工場（１０００ｓｑｍが最低区画で複数接続可）や工業用地（５０００ｓｑｍから４４００００ｓｑｍまで案内可。一般分譲に加え、長期リースも対応可）

リマ　ランド

が用意されている。給水、電気、下水処理、通信関係の設備も整っており、安心して入居が可能である。

丸紅本社にもリマ工業団地駐在経験者が常駐し、日本側でもフィリピン進出等のサポートを行っている。海外進出には何かと不安がつきものだが、リマ・ランド社は信頼できる日本企業が万全のサポートを行うことで、安心の体制を整えている。

会社概要

会社名	：Lima Land Inc
代表者名	：Tomas I Alcantara
従業員数	：100 名
資本金	：Php900 百万
会社設立日	：1996 年
住所	：G/F, Alsons Building, 2286 Chino Roces Extension, Makati City 1231
TEL	：+63-9178595108（携帯電話で四郎園に直通）
E-Mail	：shirozono-k@marubeni.com
担当	：四郎園　和昭（しろうぞの　かずあき）
事業内容	：マニラ南 65km のバタンガス州にてリマ工業団地（Lima Technology Center）を開発・運営。丸紅社員が常駐の上、サポート

企業名

Property 101, Incorporated

顧客の幸せを第1に考える住宅開発
不動産のケアに特化したサービスにも挑戦

VALERO GRAND SUITES
by swiss-belhotel
MAKATI・PHILIPPINES

企業概要

Property 101, Incorporatedは、不動産／開発会社がマスタープランニング、不動産プロジェクト管理、マーケティング等の業務に役立つサービスを提供している。２００６年の設立当初は最高経営責任者と彼の妻のみでスタートしたが、その後、７５０のエージェントで構成されるブローカーネットワークと共に成長してきた。国内トップの開発会社と連携してマンション開発や分譲地開拓といった複数のプロジェクトを成功させてきた実績を持つ。近年はホスピタリティ・プロジェクトに移行しており、来年までにフォートボニファシオにホテルを建設予定である。現在は管理（税金等に関することからささいなことまで）、転売、外国人向け対応といった不動産のケア全般のサービスを提供する企業として確立させるべく事業を展開している。

過去の苦労が生んだ顧客に寄り添ったサービス

代表のマカパガル氏は１０００人もの応募者の中から富士通の５人の奨学生のうちの一人に選ばれ、ＩＴ業界での活躍が期待されていた。しかし、彼は経済的に裕福ではなかったため、その道を諦め、不動産業界へと進むことを決意した。LANDCO Pacificでのプロジェクトから彼の不動産業界でのキャリアが始まり、直接スモーキーマウンテンの干拓事業に関与したこともあった。そこでの経験が、現在展開している家族を対象とした一般住宅の建設事業に与えている影響は大きい。

また、直接フォートボニファシオの事業計画とその入札にも関与したほか、アヤラ、メトロ・パシフィックグループ（親会社は香港のFirst Pacific）の事業にも携わった。

その後、スモーキーマウンテンのアルト・ビルダー・請負開発に着手。政府の国家住宅庁のコンサルティングを行い、フィリピンの最貧困層のための住居開発を担当した。続いて低コスト化に挑戦して、手頃な価格の中流層向け住宅に特化するようになった。

その当時莫大な負債を抱えていたため、キャッシュ・フローを生み出すことができるような新しいプロジェクトの開発を目標としていた。そして4年間で、彼は全ての債務を返済し終え、6つのプロジェクトを立ち上げることに成功した。４００万ペソの借金が４００万ペソの収益へと変わったのである。

TWO BEDROOM MODEL UNIT

by swiss-belHOTEL MAKATI・PHILIPPINES

そして、２００９年からは完全にProperty 101の事業に注力していくことになる。１９９４年に不動産業界でのキャリアをスタートさせてから約19年、妻であるジェニー氏と共に歩んできた。苦労があったからこそ、今の顧客に寄り添ったサービスが生まれたのである。

同社の強みはプロジェクトの組み方にある。プロジェクトは価格的に低く、支払いの条件はより寛大かつ柔軟である。また、顧客が支払った金額に見合った価値を確実に返すことを常に心がけている。同社は単に開発をするための会社ではない。顧客に幸せを生み出すことに重きを置いているという。そして顧客の幸せを保つために、現在不動産のケアに特化したサービス開発にも挑戦している。

Property 101はシンガポール人、中国人、韓国人に対するサービスを提供してきた経験があるため、日本人やアメリカ人への対応にも意欲を示している。日本の顧客のニーズや欲していることに対応すること

ができる、と確固たる自信を見せる。同社はフィリピンにより多くの日本の投資家を招きたいと画策しており、マニラだけでなく、地方にも足を運んでもらうことで、フィリピンの今後の可能性を感じて欲しいと考えている。

同社はフィリピンの不動産への投資を考えている外国人投資家が多く存在することを認識しており、外国人が投資する際の法律上の障壁についても勉強をしているところだ。また、フィリピンに投資することの優位性も模索している。

アジアにおける不動産業界のなかでフィリピンをトップレベルへと押し上げるべく、Property 101は今後もさらなる活躍を続けていくことだろう。

会社概要

会社名	：Property 101 Incorporated
代表者名	：Einar L. Macapagal
従業員数	：約30名
会社設立日	：2006年
住所	：Ground Floor Madison Square Bldg. #4 Pioneer coner Sheridan Sts. Mandaluyong City 1550
TEL	：(+632) 638-8663／(日本語対応) +632-823-9948／+8150-6863-4454
FAX	：+632-801-9711
URL	：www.sunshine100.com.ph
E-Mail	：(日本語対応) info@first-scene.jp／fudosan@linc.asia
担当	：Ms. Jennie Vila Macapagal／(日本語対応) 池田／梅澤
事業内容	：不動産関連事業（情報提供、事業計画提案等）

企業名　**LAGUNA TECHNOPARK**

進出希望企業の視察が相次ぐ好条件の工業団地
フィリピンの製造業の中心地域の1つとなる

LAGUNA TECHNOPARK, INC.

企業概要

ラグナテクノパーク工業団地を開発・運営しているラグナテクノパーク社（ＬＴＩ）は、フィリピン国大手財閥の不動産会社アヤラランド社と三菱商事株式会社の合弁企業として、１９９０年８月に設立された。もともとはサトウキビ畑や田んぼが続くマニラ首都圏南部の大地を開発。現在もフィリピン経済急成長の中心となっているカラバルソン地域を構成するラグナ州の開発の嚆矢となった。現在のラグナテクノパークの総敷地面積は４６０㏊で、２２０を超える電機、自動車、消費財、医薬品等の様々な製造業が入居している。

フィリピンへの日系企業進出の立役者

今でこそ日系製造業の進出が相次ぐフィリピン。しかし、他の東南アジア諸国に日系企業の進出が集中したプラザ合意後の１９８０年代後半から１９９０年代前半、フィリピンはマルコス政権の崩壊で国内政治が混乱し、アジア進出先からは真っ先に除外されていた。

その流れを変えたのが、１９９０年代初頭から中盤にかけて、松下電器産業、本田技研工業、富士通テン、いすゞ自動車、日立製作所などの日系大手メーカーによるフィリピンへの工場進出であった。複数の大手日系メーカーがフィリピン進出を決断したことが契機となり、製造業やその関連産業を中心にフィリピン進出が相次いだ。その中心舞台となったのがラグナテクノパークだった。

フィリピンのデトロイトとも言われる

ラグナテクノパークは、マニラ首都圏より南へ44km（車で約40分）。ニノイアキノ国際空港から50km（車で約45分）。南部への大動脈となるサウス・スーパー・

ハイウェイや、さらにその上を走るスカイウェイの完成により、首都圏の中心部からの移動も容易だ。同社株主であるアヤラランドが開発したマカティ市やアヤラ・アラバンの高級住宅街からもほど近く、日本人駐在員に喜ばれている。近年では工業団地周辺に住宅、商業施設、病院などの生活利便施設の開発も進み、従業員向けの居住環境もいたって良好だ。

製品の輸出入については、首都圏のマニラ港から52km（車で約50分）、南部のバタンガス港から約55km（車で約50分）と交通に恵まれている。ラグナテクノパーク内にはホンダやいすゞ、近隣にはトヨタ、三菱自動車、日産の工場が集中し、モータリゼーションを迎えようとするフィリピンのデトロイトとも言われる地域。人材採用においても、工員1名につき10倍近い応募がある買い手市場だ。今後とも、ラグナテクノパーク近辺がフィリピンの製造業の中心地域の1つを占めることは確実といえるだろう。

新規開発用地もすぐに予約で埋まる

フィリピン進出希望企業の視察が相次ぐラグナテクノパークだが、これだけ条件が整った工業団地は東南アジアには少なく、新規開発用地もすぐに予約で埋まってしまう。そこで、同社では現在のラグナテクノパーク至近に新たな賃貸工場区画（総敷地面積約11ha、約50区画）を拡張計画中だ。２０１５年中頃より入居開始予定とのことで開業が待たれる。

　また、製造業のフィリピンへの関心がさらに強まる中、同社ではさらに、現在のラグナテクノパークとは別のエリアにおいても、新規の分譲用工業団地の開発を計画している。同社は既存の工業団地の成功に安住することなく、さらなるチャレンジを続けていく。

会社概要

会社名	: LAGUNA TECHNOPARK, INC.
代表者名	: Ma. Rowena M. Tomeldan - President
従業員数	: 7名
会社設立日	: 1990
住所	: 2/F Administration Building, North Main Avenue, Laguna Technopark, Biñan, Laguna, Philippines
TEL	: +632-818-3840／+632-818-4040
FAX	: +6349-541-2706
URL	: www.lagunatechnopark.com.ph
E-Mail	: avila.patrick@ayalaland.com.ph／sanez.rona@ayalaland.com.ph／info@lagunatechnopark.com.ph／（日本語対応）jeri@linc.asia / ikeda@linc.asia
担当	: Patrick C. Avila（General Manager）／Rona S. Sanez（Sales and Marketing Manager）（日本語対応）Jeri Batoon or Ikeda
事業内容	: 工業団地の開発・分譲、賃貸工場のレンタル、入居企業各種サービス提供（維持管理、電力供給等）

企業名　**Science Park of the Philippines Inc（SPPI）**

フィリピンの工業団地のパイオニア
人材を惹き付ける工業団地へ

SCIENCE PARK
OF THE PHILIPPINES, INC.
A Member of the ICCP Group

企業概要

Science Park of the Philippines Inc（以下SPPI）は、フィリピンでも有数の工業団地デベロッパー。バタンガス2、ラグナ2、バターン1とセブ島1。この数字は開発・管理の下で開発された800ヘクタールを持つ戦略的な場所を全国に6以上広げているということ。経済特区開発の先駆者で、軽工業&サイエンスパークI（LISPI）は、フィリピン経済区庁の下に、特別輸出加工区（Ecozone）として動作するようになった最初の民間所有の工業団地。日本企業の間で人気となり、さらに軽工業&サイエンスパークI等を開発している。

経済特区開発の先駆者

中国を初めとするアジア各国での人材確保がますます難しくなる中、英語の使える若い人材の豊富なフィリピンが、日本の製造業の注目を集めている。その中で、輸出型企業のほとんどが選択するのが、投資優遇に優れた経済特別区の工業団地だ。現在、フィリピン国内各所に66箇所の経済特別区指定の工業団地がある。

元々は国が運営していた経済特別区だが、１９９２年の法改正により、国が認めた基準を満たす民間工業団地も経済特区に認定されるようになった。現在、国営工業団地はバギオ、カビテ、セブの3ヶ所のみ。その他は全て民営だ。

これ程の発展が予想できなかった法改正当初、民営経済特別区工業団地第1号に手を上げたのがＳＰＰＩだ。投資銀行業務を本体とする同社グループにとって、自社で工業団地の開発から運営までを行うのは大きなチャレンジとなっただろう。しかし同社は高品質な工業団地であるLight Industrial and Science Park の開発と、地元社会との関係改善、入居企業に対するサ

ポートを通じ、アジア通貨危機やリーマンショックを乗り越えて次々と開発を成功させてきた。

現在では、日系企業の集中するラグナ・バタンガスを中心に、スービック港近くのバターン州からセブ島まで、フィリピン全国5箇所に、合計６００haの工業団地を運営している。エプソン、住友電装、日本ペイントをはじめ、Ｐ＆Ｇやペプシ等、世界に冠たる企業を筆頭に、どの工業団地も賑わっている。

住・商業一体型の新たな工業団地も開発

民営工業団地のパイオニアとして着実に実績を積み上げてきた同社が、フィリピンの今後50年を見据えて開発に取り掛かっているのが、バタンガスのLISP 4工業団地。バタンガス工業港に続くスター高速道路のインターチェンジのすぐ横という好立地に、１００haの工業団地と、50haの住居・商業地域を一体開発する計画だ。近隣には住友電装商事が開発に関わるファースト・フィリピンや丸紅が開発したリマランドがあり、エプソン、キヤノン、ブラザー、ホンダ等、大手企業の工場も集中的に立地している。日本の製造業のフィリピン進出で、今最も注目されているエリアだ。

「今はフィリピンでの人材採用は容易ですが、将来は製造業での高度人材の獲得は難しくなってきます」。同社マーケティング部副社長のエドガー・ザモラ氏はその狙いをこう説明する。「LISP 4は、工場だけではない複合的な地域開発を行うことで、50年先まで優秀な人材を惹きつけられる工業団地にしたいと考えています」

　常に将来を見据え、工業団地の新たなスタンダードを設定する。フィリピンがアジアの製造拠点として地位をあげる中、フィリピンの工業団地のパイオニアであるＳＰＰＩの挑戦は、まだまだ止むことがなさそうだ。

会社概要

会社名	：Science Park of the Philippines, Inc. (SPPI)
住所	：Level 10-1 Fort Legend Tower, 31st Street & 3rd Avenue, Bonifacio Global City, Taguig 1632 Philippines
TEL	：+632 9036089／+63 917 8730984／+63 7176000 local 329／+639178923588／+81-3-5666-5670（Japanese Speaker）
URL	：www.sciencepark.com.ph
E-Mail	：efzamora@sciencepark.com.ph／jmsalonga@sciencepark.com.ph／（日本語対応）jeri@linc.asia / ikeda@linc.asia
担当	：Edgat F. Zamora, Jeronimo M. Salonga／（日本語対応）Jeri Batoon or Ikeda
事業内容	：Industrial Real Estate Developer

企業名　**Kefseft.Inc**

フィリピン初の日系酪農企業 地元酪農で新鮮な牛乳を配達

企業概要

国内牛乳自給率約2%という酪農後進国のフィリピン。流通している乳製品のほとんどは輸入品のうえ、数少ない国内産乳製品は低品質なものが多い。そのなかで、Kefseft.Inc 社は酪農先進国である日本の技術を利用しながら高品質の乳製品を生産しており、日本及びフィリピンの酪農業界で大きな注目を集めつつある。数々のメディアでも紹介され、創業2年目にして在比邦人の間での知名度は高い。

また、国内自給率を鑑みてもフィリピン人の新鮮で美味しい乳製品に対する潜在需要は高いと考えられ、今後の飛躍が大いに期待される産業分野。

酪農において日本初のフィリピン進出企業

酪農と言えば北海道の広い高原に牛がのんびり草を食べている、のどかな涼しい風景を思い浮かべがちだが、およそ熱帯のフィリピンでは想像しがたい。いたとしても「水牛？」と思ってしまう。

そんな中、何故あえてフィリピンでの酪農を選んだのだろうか。日本の酪農産業の厳しい現状を憂慮し、海外への進出を考え始める企業は少なくない。そんな中で、流通する多くの乳製品を輸入に頼っているフィリピンには大きなビジネスチャンスがあると八巻夫妻は確信。乳製品をほとんど輸入に頼っているフィリピンであえて地元で酪農、新鮮な牛乳を届けている。

また日本と対照的に人口が増加の一途をたどっていることもあり、今後更なる乳製品の消費拡大が期待される。他社に先駆けていち早くこの分野に取り組み、年々実績をあげ、まだまだ未開拓の分野ということもあり、多くの可能性を秘めている。

フィリピン初の日系酪農企業であるため、設立時には日本にいた時のようなことはスムーズにできず「牧草の種をまいたらマメ科は生えてきたけれどイネ科がはえてこなくて失敗。搾乳につかう薬液が日本では普通に市販されているが、酪農がメジャーでないフィリピンでは全くないため手作り。搾乳機械もローカルで買えるのは1種類しかない」と屈託ない笑顔で話す八向夫妻。日本とは気候や環境が全く違なるフィリピン。そんな不利な条件においても、夫妻が長年の経験に基づいて身につけた酪農技術のノウハウはもちろんのこと、必要な人脈やマーケティングなど提供できる情報を多く持ち、全て経験に基づいているため色々な難問を少しずつではあるが着実にクリアしている。

Kefsef をささえるオシドリ夫婦

オシドリ夫婦で有名な八巻夫妻だが、夫は北海道の酪農家出身。日本でも有数の大規模酪農場の場長

を約8年務め、その経験を生かしてフィリピンにて酪農を起業することを決意。妻は東京農業大学を卒業後、約5年間牧場で勤務した後、青年海外協力隊に参加。フィリピン農業省に派遣され、家畜人工授精の国家プロジェクトに携わる。

そのときの経験や人脈を生かし、フィリピンで起業。長年蓄積されたノウハウにより生鮮食品である乳製品の取り扱い上、必要な衛生面や品質保持の管理も徹底し、日本スタンダードを保つことは、フィリピン酪農業界の他の企業に類を見ない。現在配達はクーラーボックスに保冷剤をいれて使用しており、将来的には保冷車を購入し、飲むヨーグルトとアイスクリーム、肉牛にも広げる予定だ。

「こだわりはやっぱり日本製と同じくらいのクオリティの高いものを常に生産していくことでしょうか。うちで働いてくれた従業員が独立するのを支援したりすることでフィリピンの酪農産業全体の発展にも貢献したいです。いずれはもっともっと規模拡大できるくらい牛乳売って、ミルク御殿を3つくらい建てたいですねというのは密かなる野望です」と笑いながら語っていただいた八巻夫妻。
Kefsef のミルクは韓国・日本食材店てっぺん、ハッピークリームパフ、華一、ヤマトベーカリー、とんかつ屋、コンビニ等にて販売している。

会社概要

会社名	：Kefseft. Inc
代表者名	：八巻　啓介
従業員数	：5 名
資本金	：300 万円
会社設立日	：2011 年 3 月 1 日
住所	：LG21 Star Centrum Condominium, Malugay St, Gil Puyat Ave, Makati city, Metro Manila
TEL	：（63-2）856-0038
FAX	：（63-2）808-2163
E-Mail	：kefseft@gmail.com
担当	：八巻　久美子
事業内容	：酪農業及び乳製品の生産加工・流通・販売

企業名　Shinsen Yasai Inc

新鮮野菜配達の先駆者
品質と信用をブランドへ

SHINSEN YASAI 新鮮野菜 有機農園
fresh, safe, and delicious vegetables delivered to your doorstep

企業概要

２００７年から自分たちで納得できる安全な食材を確保するために有機野菜の生産を開始。２００８年に自社農園で生産した野菜の宅配を始める。その後、口コミを中心にフィリピンの富裕層に広まり、人気ブログ、新聞の健康欄や女性雑誌などで取り上げられる。２０１２年には、ＪＩＣＡ（独立行政法人国際協力機構）の紹介により、ベンゲット州ツブライ市が推進する有機農家の組合と提携し、高原野菜をメニューに追加。また、日本での長期農業研修を受けた若者をマネジメントスタッフとして迎え入れるほか、有機農業に興味をもつ若い農家を自社農園に受入れ、実際に野菜作りを任せている。日本米を含む各種米の生産も日系企業と共同で開始。同時に、地鶏や地豚の自然育成を日本人経営の農場と共同で推進する。現在有機農業の普及をめざす日本のＮＰＯとの業務提携に向け協議を行っている。

マニラで野菜の宅配

日本ではお馴染みの野菜の宅配は、ここマニラでは毎日の交通渋滞や宅配に必要なインフラ不足により数えるほどの企業しか参入していない。法律の規制はあるものの、有機ではないものがそれらしく売られており、自分が欲しい野菜を新鮮なまま買える場所が少ない。そんな中、２００６年から自社農園や有機農家の組合と提携して生産した野菜の宅配を行っているのがShinsen Yasai Incである。創立者である篠崎氏は大手鉄鋼会社の海外エンジニアリング部門に26年間勤務し、現地子会社の社長を最後に退職するという、おおよそ農業とはかけ離れた経歴の持ち主である。

そして同社が手がけるのがベンゲット州ツブライ市が推進する有機農家の組合（30農家）が生産する高原野菜の販売。また、日本で長期の農業研修を受けた農家の受入れ（マネジメントスタッフ）、ならびに、有機農業に興味をもつ若い農家の受入れ（野菜の生産を担当）、有機農業の普及をめざすＪＩＣＡとＮＰＯが支援する60農家が生産する高原野菜と果物の販売、日系企業との日本米を含む有機米の生産と販売の共同事業など。退職後、異業種からの転向とは思えないほどの短期間で、確かな実績を積んでいる。

新鮮な野菜、有機で栽培した安全な野菜、生産者の顔と栽培履歴がわかる安心な野菜を消費者に直接お届けする。日本でこの当たり前のことをマニラでも実践し、品揃えについては、これまでの自社生産の低農地野菜だけではなく、日本人が管理あるいは協力している現地の有機農家と提携し、高原野菜や果物、きのこ、コーヒー、蜂蜜など、有機と自然栽培にこだわった食材を提供する。さらには日系企業との共同事業により、日本米を含む各種有機米の生産、自然育成による地鶏と地豚もメニューに加えている。

肥料については自然堆肥を生産する日系企業と提携することで、自社用の自然堆肥をすべてまかなっている。

「本当に信頼できる人材を根気よく探すことが大事である。陽気、笑顔、人なつっこい、などのフィリピン人のいい面だけを見ていては、失敗することが多い。特に雇用関係には気をつけること」と語る篠崎氏。信頼できる弁護士や会計士と緊密に連絡をとり、事業を進めることが必須であり、大事なのが人脈であるという。設立当時、以前一緒に仕事をしたことのある女性がすぐにお客として登録したことを皮切りに、つぎつぎに多くの友人や知人を紹介してくれたのがきっかけで、今のビジネスにつながっている。

そして篠崎氏は「今後も、ＪＩＣＡや日本のＮＰＯが、この国で推進する持続可能な農業ビジネスプロジェクトとの連

携を継続して促進していきたい。あとは、マネジメントスタッフの充実、それをサポートするサプライチェーンのコンピュータシステム導入にあわせ積極営業に方向転換し、日本人コミュニティへのアプローチを図ると同時に、日本人の管理運営による品質と信用をブランドにして、今後は宅配だけではなく、日系のレストランや現地の高級デパートにも有機野菜だけではなく、低農薬野菜もメニューに加えて販路を拡大していく計画です」と抱負を語る。

会社概要

会社名	: Shinsen Yasai Inc.
代表者名	: 篠崎　泰孝
従業員数	: 15 名
資本金	: 500 万ペソ
会社設立日	: 2006 年 12 月 22 日
住所	: San Jose Patag, Santa Maria, Bulacan
TEL	: (63) 917-500-2101, (63) 917-838-8081
URL	: www.shinsenyasai.com
E-Mail	: shinozaki.yasutaka@gmail.com
担当	: 篠崎　泰孝
事業内容	: 有機栽培による野菜と果物の生産ならびに販売、自然育成による地鶏と地豚の生産ならびに販売、提携農家が生産する有機ならびに低農薬野菜と果物の販売

企業名　**UNIFISH INC.**

日本向け冷凍加工品を輸出 他にない鮮度感を追求した食材を提供

企業概要

UNIFISH INC.は、日本の流通に携わった経験のある現社長が1998年に設立。現在までに本社工場（マニラ）のほか、フィリピン中部・ビサヤ地方に地方工場を3工場設立し、400名を越える従業員を雇うまでの規模に成長した。

鮮度や旬を追求した水産物・農作物の冷凍加工品を主に生産し、現在は業務用寿司種など外食企業・量販店向け商材をすべて日本向けに輸出している。他には無い鮮度感や細かい規格を意識した生産品目はニッチ商材を中心に多岐に渡り、少量多品種による出荷を実現した。

規格の厳しさや食へのこだわりといった日本人ならではの「感覚」を如何にローカライズするか奮闘中である。自社工場を立ち上げ、現地従業員を雇用しながら運営してきた実践的な観点から、フィリピン進出を検討する日系食品企業や外食企業とのタイアップやサポート業務にも挑戦している。

15年に渡る経験を他社とのタイアップ・サポートに活かす

現在の主要生産品目は頭足類、甲殻類、貝類、魚類、フルーツ類を中心とした各種加工品である。水産物や農作物の冷凍加工品を主に生産している。こだわりの強い日本人の食卓を見据え、鮮度や旬を追求した業務用寿司種など、外食企業・量販店向けの商材を輸出している。

UNIFISH INC.製品の特徴は、他には無いその鮮度感や細かい規格を合格した安全性、そして何より、少量多品種という輸入業者のニーズを考えた品揃えである。その生産品目はニッチ商材を中心に多岐に渡っている。

社長の中川氏はフィリピン・マニラで生まれ、幼少期から中学卒業までを同地で過ごした。高校進学時に日本に帰国し、早稲田大学法学部を卒業後、商社に就職。飼料原料の輸入業務、国内受け渡し業務を担当した。数年後に退職し、１９９８年に生まれ育ったフィリピン・マニラでUNIFISHを立ち上げることを決意する。

フィリピンで生まれ育ったことで身体に染み込んだ現地の感覚、そして、日本の大学への進学、日本企業への就職といった経験から得た確かなノウハウをもとに、フィリピンと日本の橋渡

しをしながら、15年に渡って同社を成長させてきた。現在までにマニラの本社工場のほか、フィリピン中部・ビサヤ地方に3工場を展開。全てが自社工場である。現地の従業員を雇い、人材育成にも目を向けながら規模を拡大させてきた。現在４５０名近い従業員が同社を支えている。

工場の立ち上げ、現地の人材の活用のノウハウに加え、フィリピンと日本という食への意識がまったく異なる国を橋渡ししてきた経験は非常に大きい。「15年に渡る挑戦は、日本人ならではの〝感覚〟を如何にローカライズするかという挑戦につながると考えています。当面の間フィリピンは、日本にとってサプライソースの一つとしてあり続けることが予想されますが、その一方、中間層の成長が著しく、消費地としての魅力も年々増しています。UNIFISHは現在、食品工場・外食企業、海産物の生産への参入を考えている企業のフィリピン進出サポートに力を入れていこうと思います。」と社長の中川氏は決意を表明している。

そしてサポートに限らず、UNIFISHと他社とのタイアップも視野に入れている。

また、中川社長は「輸出型・輸入型、卸・小売な

ど、形態にとらわれずに大いに当社を活用していただければと存じます。ASEANの成長と共に楽しいチーム作りが出来ることを願っております」と続けた。現在、大きな成長の波に乗り始めたASEAN地域を、既に経験のあるUNIFISHのような企業が橋渡しとなって、更に盛り上げていくことが期待される。同社もそのことを認識し、輪を広げようとしている。今後フィリピン進出を考える日本企業にとって、頼もしい存在である。

会社概要

会社名	：UNIFISH INC.
代表者名	：KO NAKAGAWA
従業員数	：446名（2013年1月31日現在、パート含む）
資本金	：10,000,000ペソ
会社設立日	：1998年1月23日
住所	：KM.17, CERVANTES STREET, SOUTH SUPERHIGHWAY, PARANAQUE CITY, METRO MANILA
TEL	：-8364860.873
FAX	：-8374389.778
E-Mail	：unifishinc@gmail.com
担当	：中川
事業内容	：水産物・農産物の加工・輸出、委託加工、食品工場・外食企業などのフィリピン進出サポート

企業名

ユニカセ・コーポレーション

オーガニック野菜など駆使したマクロビ風レストラン
―から選び抜いた食材と調理法で健康第一を重視

企業概要

マニラ首都圏において、オーガニック野菜や栄養価の高い穀物類などを利用した健康的で持続可能な食事を提供するレストランカフェを運営。同時に、現地の素材を活かしたフェアトレード商品を扱っている30団体から２００アイテム以上を仕入れ販売する土産事業にも力を入れている。

また、人材育成事業として、スタッフのほとんどは、ＮＧＯ団体などで支援を受けていた青少年たちで、彼らのための雇用の機会を創出するだけでなく、雇用したスタッフには、ライフスキルトレーニング、ＯＪＴ、健康管理、社会適応対策、アフターケアサービスなどを通して自立をサポートする総合的な支援プログラムを実践している。

２０１０年８月にレストランをオープンしてから過去2年半の間に、28名の青少年たちをサポートしてきた。

こだわりの詰まった「持続可能」な社会的企業

社会企業家として知られる代表の中村氏は、１９６９年東京生まれ。明治大学商学部を卒業後、カナダに2年半留学。帰国後は、家業の一般酒販店の代表取締役を務める。

その後、児童福祉施設でのボランティアをきっかけに、２００２年からＮＧＯや国際協力の世界へ進み始める。２００６年に教育関係のＮＧＯのスタッフとして初めて訪れたフィリピンで青少年の雇用機会創出の必要性を感じ、趣味を通じた〝食〟ビジネスで彼らの働く場の創出を考える。２０１０年、12人の青少年スタッフと共に社会的企業「ユニカセ・コーポレーション（UNIQUEASE Corporation）」を設立した。

『マクロビ風レストラン UNIQUEASE（ユニカセ）』は、「ほっとしていただける味」をモットーに、LOHAS（ロハス）やスローフードを意識し、工夫を凝らしている。また、彩りの良い健康的な料理を提供するため、油の使用をなるべく控え、食材一つひとつの効果的な組み合わせとフィリピンの素材が持つ本来の味を引き出す調理法を取り入れている。

野菜の洗浄や加熱には蒸留水を、だしや煮物の煮汁、生食用野菜の洗浄、飲み物にはミネラルウォーターを使用する。また米のとぎ汁初回と炊飯用にはミネラルウォー

ター、2回目には蒸留水を使うなど、水一つにしてもこだわりを見せる。

だしには昆布、干ししいたけ、煮干し、かつお節、野菜数種を厳選。野菜はオーガニックが中心で、フィリピン・ブラカン州でオーガニック野菜を栽培する農家から、朝採れの野菜を取り寄せてくるという徹底ぶりだ。その他でも、サンデーマーケットのオーガニック野菜を仕入れている。

さらに、マグロの産地で有名なフィリピン・ミンダナオ島からクラスＡに選別されたキハダマグロを仕入れている。通常、クラスＡに選別されたマグロは、鮮度を保つため即時マイナス50度で瞬間冷凍され、その多くは日本やアメリカに輸出されている。オーガニックが浸透してきているとはいえ、日本とは事情の異なるフィリピンで、一から食材を探し、選び抜いてきた中村氏の手腕には脱帽である。

代表の中村氏は「お客様の健康を第一に考慮した豊富な材料と調理法によるお食事、そしてスタッフの笑顔と接客をぜひ体験していただきたいと思います。」と話す。

日本でもメディアに取り上げられるようになり、フィリピンに関わる日本人にも良く知られる存在となった。そのため、ネットワークも広い。日本人学生を中心としたインターン生も受け入れている。

また、代表・中村氏のＮＧＯでの経験が発端となったこ

ともあり、現地NGO団体とのコネクションもある。実際、現在までにフィリピンで活動をしているNGO10団体の28名を雇用してきた。さらに、レストランの店内にはフェアトレード商品が並ぶ。青年海外協力隊員が支援する団体やフェアトレードを扱う30もの団体から仕入れた商品が置かれている。

　活動開始から2年半にしてここまで大きな反響を呼んでいるUNIQUEASE Corporation だが、今後も更なる発展が期待される。

会社概要

会社名	：UNIQUEASE Corporation
代表者名	：Claudio G LIBRES Jr.
従業員数	：6名
資本金	：Php200,000
会社設立日	：2010年5月28日
住所	：Unit G2, Soho Bel-Air Condominium, Polaris St cor Badajos st,Poblacion, Makati City, Metro Manila, Philippines
TEL	：63（0）927-791-5516
URL	：http://www.uniquease.net/
E-Mail	：uniquease.restaurant@hotmail.com
担当	：Yachiyo NAKAMURA
事業内容	：栄養価の高い野菜を主としたヘルシースタイルクッキングを取り入れ、肉料理や魚料理も工夫を凝らし、メニュー作りに取り組んでいる

語学

企業名　**ストーリーシェア**

最短上達の英語短期習得メソッド
業界屈指のマンツーマンレッスンを提供

Story Share

企業概要

２００８年に英語学校エデンマイルスをマニラケソン市に開校。ソーシャルネットワークミクシーで口コミ№１になり、現在のフィリピン留学業界発展の口火を切る。

２００９年には読売新聞で紹介される。同年に名称をストーリーシェアとして改め、併せて学校も移転。

２０１０年にパンパンガ州アンヘレス市に分校開校する。

２０１１年に日本一部上場企業の社員語学研修を請負い、テレビ番組の「情熱大陸」出演者等著名人も留学した。

２０１２年にセブ島、高原都市バギオで分校開校。

２０１３年度にはオンラインレッスンの開始を予定している。

日本人にフィリピンでの世界最安のマンツーマンレッスンを提供

代表の松本文雄氏は大手語学学校ベルリッツで講師をしていたが、きちんとしたmethodologyを使用した英語教育を志し、２００８年にエデンマイルス（ストーリーシェアの前身）を設立。イギリス語学留学、ＮＹ留学、フィリピン留学の経験を活かしたカリキュラムを実施し、今では教材開発から講師育成まで行っている。

元々は現役高校生対象予備校の日本学力振興会入社後、課長まで昇格したが、芸能プロダクション（株）ギュラに所属し、演技を学んだこともある等多才な面もある。

安心して滞在できるように寮や食事も完備。欧米留学に比べ費用が３分の１に抑えられるのがフィリピン留学だ。その中でもマンツーマンレッスン数が業界最多となる。

また講師育成研修に力を入れ、講師の質で業界トップを保っている事も特徴の一つ。大きな違いは日本人講師を在籍させ、生活面のサポートはもちろん、初心者への短期語学習得のため、英語指導も行っている点と、英語の教授法語学メソッドを駆使していることで

ある。
ストーリーシェアでは英米豪比で英語留学を経験し、ベルリッツで培った講師経験と、積み上げた最短上達の語学メソッドのあることが最大の特徴となる。日本人にフィリピンでの世界最安のマンツーマンレッスンを提供する。不安な外国留学でも安心して滞在できるように宿泊先と食事を整えている。

フィールアブロード社員研修、日立社員研修等、色々な企業の英語教育の研修も担っており、「情熱大陸」に出演した青木良太氏や、『ファインダー越しの3・11』著者でフリージャーナリストの佐藤慧氏も同校に留学した。生徒は東京大学の学生から中学校卒、ワーキングホリデー、会社社長等、多彩なメンバーが集まっている。日本からのフィリピン英語留学は文字通り老若男女問わず、70歳以上の高齢者から6歳の幼児までの日本人がストーリーシェアで英語を学んでいる。

代表の松本氏は「これから日本は日本という枠ではなく、アジアという一つの大きな枠で捉えていく時代だ。その上で、多くの国を繋げるコミュニケーションの手段は英語となる。低価格で効果の大きいフィリピンを利用した語学研修は、日本に大きなチャンスと利益をもたらします」と熱く語る。

またビジネス面でも、アジアでこれから伸びるであろう、または伸びている国々で唯一の英語圏がフィリピンである。マスコミによる悪いイメージでフィリピンは全く注目されてこなかったが、今後の日本人、日本企業の発展を考える上でもフィリピンは外せない選択肢になってきているのは間違いのない事実といえる。そして経済面だけではなく、英語以外の教育面でもフィリピンは日本をはじめアジアに大きく貢献できる可能性を持っている。そんなビジネス・チャンスをフィリピンで見出しているのは、それはこれからのライフスタイルやワークスタイルにまで大きな変化をもたらしていくだろうと確信しているからだ。

「今までの日本国内のビジネスのやり方では頭打ちばかりで、何とかしなければ期待できる未来は拓けない。日本企業の持っている質の高さ、ノウハウを応用すれば、アジア圏をはじめ海外で絶対に通用する」と松本氏は語り、それに向けた大きな障害になっている語学、情報不足、経験不足という壁を乗り越えられるよう日本企業のフィリピン進出の手助けに大きな役割を担うべく、ストーリーシェアの今後の活躍が期待される。

会社概要

会社名	：Storyshare Inc,
代表者名	：松本　文夫
従業員数	：60 名
資本金	：180 万円
会社設立日	：2009 年 11 月 1 日
住所	：Ground floor Roscar bldg. 83 Edsa Ave.corner Boni Ave. Mandaluyong City
TEL	：02-501-9556
URL	：http://www.storyshare.jp
E-Mail	：storyshare.info@gmail.com
担当	：水森　登
事業内容	：英語学校。語学留学。 日本人にフィリピンでの世界最安のマンツーマンレッスンを提供。 安心して滞在できるように寮、食事も完備している

企業名　**アルー　フィリピン**

2030年までに人材育成No．1へ アジア新興国にグローバルネットワーク

企業概要

2003年10月の設立以来、アルー株式会社は従業員1000名以上のIT、製造、金融業界の企業を中心に500社以上の企業と取引実績がある。ALUE PHILIPPINES INC. はそのアルーのフィリピン拠点。企業の経営戦略にインパクトを与える組織開発・人材育成コンサルティングを目指し、経営的視点での課題解決を提案。アルーは、①グローバル人材育成コンサルティング事業②グローバル人事組織戦略コンサルティング事業③創造性開発コンサルティング事業④語学教育事業⑤教育研修コンサルティング事業と人材にかかわる5つのサービスを提供する。

ALUGO（ビジネス英会話ソリューション）の高い品質

ALUE PHILIPPINES INC. は、ビジネス英会話ソリューションのALUGO（アルーゴ）で高品質のサービスを提供している。「語学教育事業であるアルーゴの強みは、確度の高いレベル判定にある。ビジネスの場面で通用できるレベルかどうか文法・単語量・スピード感等に関して複数の人が評価し、偏りのない判定を行っているのは、アルーゴのサービスの肝となる強みです」と代表取締役社長の落合氏は語る。

授業を担当する講師やプログラムの質へのこだわりも強い。「講師は厳格な基準を確実にクリアした人材のみを採用しています。採用後も体系的に研修を行い、コミュニケーション能力の開発においては、アルーの研修事業のバックグラウンドを活かし、講師の質を高めています。カリキュラムはビジネス研修で培ったノウハウを最大限に活用した内容を提供しています」と続けた。

アルーゴは電話で英会話の授業が行われるため、他に特別な環境が必要ない受講システムとなっている。「学びに集中できる『聴力』だけを使って英語をインプットし、3秒以内に応えるという条件のもと、ジェスチャーや表情で逃げることができないため、『発話力』を効果的に鍛えることができる」と落合氏が語るように、アルーゴは高いレベルのビジネス英会話を習得することができる。

また「コスト管理上難しかった講師の『今す

ぐ』アサインを具現化し、語学教育市場では未知の領域であった『予約不要で受講可能』というシステムを導入しました」といい、このフレシキブルなサービスを受講生に提供し、アルーゴは忙しいビジネスパーソンが受講しやすい環境を整えている。

次世代のグローバルリーダーを育成

アルーの魅力はビジネス英会話ソリューションだけではない。「次世代リーダーのために、グローバル感覚とリーダーシップを養うプログラムを開発してほしい」という顧客の一言から、本社であるアルー株式会社はAsia Future Leaders Summit（ＡＦＬＳ）の企画を立案。現在では、日本・中国・インド・台湾・シンガポール・タイ・マレーシア・ベトナムから次世代のグローバルリーダーを担う受講者が参加しており、日本をはじめ、アジア各国の優秀なビジネスパーソンから好評を得ているプログラムとなっている。

また、現地ビジネスを知り尽くした各国のスタッフとの連携により、日本人向けにグローバル視点の習得を目指した研修プログラム「グローバルコミュニケーション１００本ノック（ＴＭ）」の開発と提供も行っている。

アルーの研修は、発展が目覚しいアジア新興国が台頭する現在のグローバル環境で、グローバル人材として成果を出していくために必要なスキルの習得や、マインドを醸成するための研修プログラム・研修プランを企画開発し、現地での実経験でしか得られないグローバル感覚を身につけることができる。

このような時代の流れの中で、２０１０年７月に中国・上海に現地法人を設立し、日系企業の中国人従業員の人材育成を中心にサービスを展開してきた。その後、インド・シンガポール・インドネシアに現地法人を設立し、アジア新興国における現地法人とグローバルネットワーク、さらに、これまでの大手企業を中心とした約５００社の人材育成支援の実績と研修プログラム開発力を活かし、多くの企業のグローバル人材育成を支援している。２０１３年にはフィリピンに現地法人を設立し、アジア全域にサービスを提供している。

アルーは、２０３０年までにアジアで人材育成Ｎｏ．１になることをヴィジョンに掲げ、アジア各国に拠点を置き事業展開することで、人材育成・組織開発のパートナーとなるべく挑戦し続けている。「アジアでの人材育成の分野でＮｏ．１となり、『価値を創り出す意志』と『人』を根幹に、お客様に支持される事業によって、継続的に成長する企業であること。これが２０３０年のアルーが進むべき方向とめざす姿です」と落合氏の力強いまなざしは着実に前進している現状からの自信の現れを感じとることができる。

会社概要

会社名	：ALUE PHILIPPINES INC.
代表者名	：Bunshiro Ochiai
会社設立日	：2013 年
住所	：2nd Fl Maripora Bldg. 109 Perea St., Legaspi Village, Makati City 1229 Philippines
TEL	：632-856-0038
URL	：http://www.alue.co.jp/
E-Mail	：info@alue.co.jp
担当	：マーケティング部
事業内容	：ビジネスシーンに特化した語学ソリューション「ALUGO」のオペレーションセンター・人材育成支援・視察コーディネート・海外派遣研修事業・語学教育事業
拠点	：日本／東京本社、関西支社 海外現地法人／中国、シンガポール、インドネシア、インド、フィリピン

企業名　American English Skills Development Center

日本の大手企業社員が参加する英語研修などを請け負う
ビジネスで必須の英会話スキルを向上させる

企業概要

American English Skills Development Center（以下 American English）は、7年以上に渡り、各国のあらゆる業界の個人や多国籍企業出身の専門家に対して語学プログラムを提供している。英語は世界共通語ではないが、ビジネスにおいて必須の言語であるため、英語のスキルを高めることが、生徒本人や彼らの出身国のチャンスを拡げることになるとの信念を持っている。英語を話せる人が増えてきているとは言え、克服しなければならない発音などの壁は大きい。2006年の設立以降、同社は、アメリカ人やフィリピーノ・アメリカンの講師による集中的かつ革新的なプログラムを通じて、何千ものフィリピン人及び、他国からの生徒の英語のスキルを向上させてきた。同社は人々が生涯使えるコミュニケーションスキルを習得することを可能にするために尽力している。

訛りを無くすのではなく、個性としての訛りを大切に

「英語は世界共通語だけではなく、世界のビジネスの共通語である。」「人々のコミュニケーションスキル向上を通して人々に力を与える。」を信条にフィリピン人とオランダ人の創立者はAmerican Englishを設立し、フィリピン人の各部門の専門家向けに英語を教えることでスタートした。今ではフィリピンにおける世界に発信しているコールセンターの社員の英語研修から日本の大手企業社員が中心に参加しているグローバル人材育成研修の英語研修なども請け負っている。英語ネイティブスピーカー向けから英語初心者向け、あるいは英語を第二外国語としてマスターしようとしている人向け等の多彩なレベルのプログラムを用意している。実は「American English」だけではなく「British English」を教えるコース等もあり、同じ文でも抑揚に合わせて意味が変わるのでそのヒアリングの実習も行う等新鮮な目線で英語を教えている。

同社のプログラムは、フィリピン人のニーズに応えるためだけに、絶えず改良され、カスタマイズされてきた訳ではなく、他国の人々が生まれてからずっと使用してきた母国語のニュアンスにも対応することを目指している。訛りは「その人を構成する一部である」という考えのもと、「訛りをなくす」のではなく、「訛りの多様性を認める」ことを大切にしている。講師は、生徒が英語で考え、ネイティブの様に正確な文法、発音、イントネーションで話す能力を磨くことで生徒の内面に変化を促すと同時に、彼らの個性である訛りを奪ってしまわないことにも注意を払っている。これはフィリピンや他国出身の生徒がネイティブにも通用する英語のアクセントを習得し、ネイティブと同胞双方とのコミュニケーションを円滑に行えるようになれば、より世界に貢献できる人材となるという考えに基づいているからだ。

理論・実践・応用のバランス重視

同社はこれまで日本、中国、マレーシア及びリビアを含む世界のあらゆる出身地域の、現在活躍中の専門家に高度な英語を学ぶ機会を提供してきた。講師陣の豊富な経験は、教科書に頼るのではなく、より実用的な使用法を踏まえながら指導することを可能にしてきた。リーディングやリスニングだけではなく、より重要なスピーキングにおいて、その特徴が活かされている。全てのコースは、英語の規則を暗記することや教科書に書かれた通りの言い回しを使用することを評価するのではなく、より自然な受け答えをすることに重点を置いて指導が行われ、生徒に自信を与えられるようにしているそうだ。

このプログラムの特徴は、ネイティブスピーカーが大半を占める内部・外部双方の顧客と口頭でのやり取りを容易にするコミュニケーションスキルを生徒が身につけることができる点にある。それだけではなく、組織における活動で、より効果的な書類を作成するスキルも身につけることができる。明確、簡潔、かつ正確なビジネス文書を書くことができるようになるのである。

American English Skills Development Center

ライティングの全てのプログラムでは、正確な報告書や、組織のニーズに特化したプレゼンテーションの作成を目指したカリキュラムが組まれている。

提供するコースでは、生徒に対して、英語の規則、ニュートラルなアクセントや発音だけでなく、英語で考える方法も教えている。それは、頭の中でその言葉の意味を母国語に置き換えることなく、英語を聞き取り、処理し、応答するためである。実績のあるトレーニング教材、効果的な手法を用いて、トレーニングと教育プログラム開発の両方で、そのノウハウを共有できることを誇りにしている。

全ての研修プログラムは、理論・実践・応用のバランスが取れるよう、「face to face」の授業や、まもなく始まるオンラインでの授業等を組み合わせて展開していく予定だ。

会社概要

会社名	: American English Skills Development Center Inc.
代表者名	: Mylene Morillo-Buijs
従業員数	: 120 人
資本金	: Php 1,000,000.00
会社設立日	: 3/1/06
住所	: Unit 1705 Antel Corporate Center, Valero Street, Salcedo Village, Makati City, Philippines 1227
TEL	: 632 8850268
FAX	: 632 8891101
URL	: www.americanenglish.ph
E-Mail	: mylene@americanenglish.ph
担当	: Mylene Morillo-Buijs
事業内容	: あらゆる業界の専門家を対象とした語学学校

企業名

フレンドシップツアー

フィリピン専門の旅行会社 日系代理店では最も古い老舗

企業概要

フレンドシップツアーは１９７４からフィリピンのマニラ首都圏マカティ市のDusit Thani Manilaの３Ｆにオフィスを構える老舗の旅行代理店。マニラ市内の日系では最も古い旅行代理店の一つである。

誠実をモットーに顧客の安全で快適なフィリピン旅行のお手伝いをしている。フィリピン旅行におけるホテル、リゾート、ゴルフ、ダイビング、オプショナルツアーなどフィリピン旅行のことなら何でも相談にのってくれます。

在フィリピン大使館の査証代理申請機関、そしてフィリピン入国管理局の認定を受けており、フィリピン国内における日本人就労者のビザ等も取り扱っている。

マニラ老舗の旅行代理店

１９７４年以来、40年近くフィリピンの経済・金融の中心であるマカティ市のDusit Thani Manilaの３Ｆにオフィスを構えるフレンドシップツアーは、日系旅行代理店では最も古い旅行代理店である。今ではフィリピン人スタッフをマニラで32名、セブで10名、ダバオで１名を抱えている。そのほかに日本人がマニラに６人とセブに３人滞在する。日本人スタッフを中心に、ホスピタリティーあふれるフィリピン人スタッフが対応しており、日本人トラベラーには何とも心強い味方となる。

日本の提携会社は東京の六本木三丁目にあるフレンドシップインターナショナル株式会社。旅行代理店で早くからフィリピンに特化しており、日本では珍しいフィリピン専門旅行会社である。設立以来フィリピン旅行専門の旅行会社として大手の旅行会社はもちろんのこと、中堅旅行会社から個人旅行者に、ビジネストリップからマニラ市郊外のリゾートやゴルフツアー、セブ・パラワン・ボホール等のビーチリゾートとエステなども案内している。

創立時のインバウンド中心の旅行代理店から、今では６部門をメインに事業を遂行している。

①日本／アセアンからの観光客／ビジネス客のホテル／観光／車両手配等の受け入れ業務
②フィリピン人研修生や観光客の日本への査証申請代行（日本大使館代理申請機関認定）
③インターネットＷＥＢサイトによる販売

④損保ジャパン様の出張者／駐在員／観光客対象の保険のキャッシュレス手配代行
⑤在比日本人の観光ビサ延長／就労ビサ／退職者ビサの取得アシスト業務
⑥フィリピン人観光客の日本への観光旅行の提供業務

主な取引先としては株式会社JALPAK、日本旅行、ＪＴＢ、ＫＩＳ、ＨＩＳ、APPLE WORLD、ＳＴＷ、フィリピン大使館、東武トラベル、静鉄トラベル、日本大使館、JAICA、マニラ阪急交通日本人学校、カビテ工業団地、ラグナテクノパーク、ファーストカビテ工業団地、各工業団地の日系企業、Dusit Hotel THANI Manila 等。

退職者ビザ取得希望者への充実したサービス

年々日本で増えているのが海外移住や退職したシニア対象の海外リタイアメント。今では世界40数か国がリタイアメント査証制度を設けている。

その中でアジア地域ではフィリピン、マレーシア、タイ、インドネシア、オーストラリア等が提供しているが、ほとんどは10年等の期限付きの長期滞在用ビザとなる。フィリピンが唯一期限がなくマレーシア等と比べてはるかに安い。そんな中、在比日本国大使館査証代理申請認定業者であるフレンドシップは、良質なサービスを業界で一番安いとう良心的な値段にて提供している。必要に応じて退職者ビザの申請以外にも、書類の翻訳、認証等。

　すでに退職者ビザを取得しているたくさんの仲間を紹介することはもちろんのこと、移住後のアフターケアーは一生お手伝いするとのこと。退職者たちの困ったことの相談には一生涯対応することを約束する等、退職者の良きパートナとなっている。

　今後については、現在あるサービスを今後より一層充実させるとともに、特に今後は、フィリピン進出日系企業の駐在員の方を対象にした査証取得の手伝いや、フィリピン人富裕層を対象にした日本への観光旅行誘致に力を入れていきたいと意欲を示す。

会社概要

会社名	：Friendship Tours and Resorts Corporation
代表者名	：岩崎　宏
従業員数	：（マニラ）日本人６人／フィリピン人 25 名（セブ）日本人３名／フィリピン人 10 名（ダバオ）フィリピン人１名
資本金	：P 5,000,000.00
会社設立日	：1974 年２月 14 日
住所	：3F Dusit Thani Manila Ayala Center Makati cityMetro Manila Philippines 1223
TEL	：+632-840-1060/632-818-8896/632-894-1124/632-819-5644/632-893-291
FAX	：+632-818-8978
URL	：http://www.pra.friendshipmanila.com/
E-Mail	：info@friendshipmanila.com（和英）
担当	：石倉　大
事業内容	：旅行代理店

企業名　**カネパッケージ　フィリピン**

梱包材、緩衝材の設計・製造から品質保証まで空気を綺麗にする夢のパッケージで社会に貢献

企業概要

KANEPACKAGE PHLIPPINE INC. は1996年8月、カネパッケージ株式会社のフィリピン拠点のPEZA企業としてカビテ州ロザリオにて操業開始。某日系電機メーカーへの梱包材供給を目的に、グループとして初めての海外進出を果たす。その後、主要拠点をラグナ州カランバへ移転。更にセブ（MEPZA-1）へ支店設立。直近では、2011年にバタンガス州リパにも支店を設立した。他には、関連会社のSUPERFLEX LOGISTICSを2004年にラグナ州サンタロサに設立。モンティンルパ州アラバンに所在するホールディング会社を含めフィリピン国内全6拠点で展開中だ。

同社はフィリピンの他、インドネシア、タイ、ベトナム、香港でも事業を展開している。香港については、転廠取引に対応するために設立され、現在も中国広東省東莞における顧客のOEM先へ梱包材を提供中である。事業内容は梱包材、緩衝材の設計、試験、評価及び、製造から加工と品質保証を加えた一貫事業である「空気を綺麗にする夢のパッケージ」の提案である。「包む」技術で、顧客へ「驚き」と「感動」と「安心」を提供することを常に心がけている。

カネパッケージ株式会社はフィリピンのほか、インドネシア、タイ、ベトナムでも事業を展開している。

「空気を綺麗にする夢のパッケージ」で顧客と共に社会貢献

KANEPACKAGE PHILIPPINE INCは、日本国内に4拠点、海外に7拠点で展開する梱包材、緩衝材の設計・開発企業であるカネパッケージ株式会社のフィリピン拠点である。カネパッケージは国内主体の生産・販売体制から海外拠点のスクラップ＆ビルドで、アジアの成長市場を取り込み、自身も毎年成長を続けている。同社は製品が流通する環境での衝撃や震動を緩和して、製品を保持する「緩衝材」を開発することが自社の使命であると考え、創業以来、「包む」を科学する集団として緩衝材開発に取り組んできた。

同社は現地の設計者によって、あらゆる包装材料を使った梱包材、緩衝材の設計が可能である。顧客が保有する日本語による製作図面についても、現地の最適な素材を採用して、当該製作図面が要求する仕様通りの製品を提供することが出来る。機能やコストはもちろん、高まるエコロジーニーズにも対応すべく、「包む」技術を駆使した提案をしている。

また、日系企業として求められる品質保証のほか、各種管理体制も完備。緩衝材開発分野に加えて、独自のネットワークを展開し、梱包から配送までをフォローするトータル物流体制で顧客のニーズに応えている。

在フィリピンＰＥＺＡ企業の顧客数は約

１００社である。現地で調達した地球資源から製品を作る企業だからこそ、環境負荷低減への意識は強い。全ての拠点で、RoHS指令並びにリーチ規制にも対応できるようX線分析器を装備し、入る物の管理を徹底的に行い、グリーン調達を行っている。

また、環境事業では、ＣＯ２削減のため、オフィス環境、工場環境の改善提案を通じ、電気消費量を積極的に提言する提案もしている。

さらに、カーボンオフセットによって社会貢献を目指す一連の事業を、「空気を綺麗にする夢のパッケージ」を合言葉に、展開している。

①究極の緩衝梱包設計により、省資源化を実現②梱包材1セットに付き1本のマングローブを植林③ＣＯ２の見える化サービス実施、によって同社の夢のパッケージを使用するだけで簡単にカーボンオフセットの社会貢献に参加できる。②のマングローブ植林は、２００９年から取引き先企業からの売上金の０・１％の資金を運用して、ＣＳＲ活動の一環として展開している。

この活動はフィリピン環境省や当該活動エリアの住民達の協力を得て始まり、２０１４年末までに、５００万本の植樹達成を目標に現在進行中だ。顧客や自社の従業員と感動体験（マングローブ植樹）を共有することを通

じて、出来るだけ多くのファンを増やせるよう、感動経営の実践を心掛けている。

現在、どの企業も企業責任として、生産者・生産地、地球環境全体に配慮した企業活動が求められている。グローバル化が進むことで生産地が遠くなり、見えにくくなっているからこそ、カネパッケージの提供する「空気を綺麗にするパッケージ」のようなシステムは、海外に進出する企業にとっても大いに参考になるモデルと言えよう。

会社概要

会社名	：KANEPACKAGE PHLIPPINE INC
代表者名	：兼平　裕誉
従業員数	：170 名
資本金	：USD 920,000
会社設立日	：1996 年 8 月 8 日
住所	：#5 Ring Road, LISP 2 Brgy, Lamesa, Calamba, Laguna
TEL	：049 545 7166 to 69
FAX	：049 545 6302
URL	：http://www.kane-package.net
E-Mail	：oda@kanepa.co.jp
担当	：小田　雄一
事業内容	：梱包材、緩衝材の設計、試験、評価及び、製造から加工と品質保証を加えた一貫事業。空気を綺麗にする、夢のパッケージの提案

その他

企業名　MD Distripark Manila, Inc.

フィリピン初となる本格物流センターを運営
あらゆる貨物輸送のニーズに対応した一貫物流を実現

企業概要

MD Distripark Manila, Inc.（以下 MDD）は、1996年にダイトーコーポレーション、三菱商事および同国アヤラ・グループと共同で設立。フィリピンにおいて初めての本格的物流センターを拠点にして幅広く物流事業を行っている。2008年11月にはダイトーコーポレーションの100%子会社となり、顧客の新たなニーズに応えるべく、さらに積極的に事業を展開する。

グループは3社で構成されており、MDD はグループの中核企業にして内貨物、国内物流全般を取り扱っている。MD Laguna Corporation(MDL) はPEZA貨物（保税貨物）の取り扱いに特化。MD Express Manila, Inc.(MDE) は輸出入手続きからフォワーディング、陸送までをカバーしている。グループ3社によりフィリピンにおいてあらゆる貨物輸送のニーズに対応した一貫物流を実現し、顧客のニーズに沿った最良のサービスを提供している。

フィリピン初となる本格的物流センター

ＭＤＤは、フィリピン・マニラで最新システムを導入した近代的物流センターを開設し、総合物流サービスを提供している。ダイトーコーポレーションが１９９６年に三菱商事および同国アヤラ・グループと共同で同社を設立し、１９９９年にフィリピンで初となる最新システムを導入した近代的物流センターを開設した。

本格的最新鋭物流センターを中心に、地元通関事務所と専属提携し、ＧＰＳ付自社トラクター、トレーラーを運行しており、通関、トラック輸送・フォワーディング業務（通関を除く）のサービスを提供している MD EXPRESS MANILA. INC は、グループの中核企業であり、国内貨物、国内物流全般を取り扱っているMDDと合わせて総合物流サービスを行っている。

ＭＤＤとＭＤＥは組織としては2社体制となっているが、実質1社と同様の連携プレーで、より高度なレベルでのサービスを実現している。ラグナに約2万㎡、アラバンに約2,500㎡の倉庫面積を保有しており、２００６年には3つの国際標準認（I

ＳＯ９００１、ＩＳＯ１４００１、ＯＨＳＡＳ１８００１）を証取得している。

　親会社であるダイトーコーポレーションは１９３４年の創業以来、東京湾の港湾地区を中心として、港湾運送業を主として関連諸分野の事業にも積極的に進出。現在では倉庫業、貨物利用運送業、海運代理店業、曳船業、そして海上防災業など多角的な事業を展開している。約80年の歴史もつ総合的事業を担う港湾運送会社として「物流を通じ、豊かで平和な生活と社会づくりに貢献する」という企業理念に基づき、多様化するビジネス環境の変化にしっかりと対応するため、その一環としてフィリピン等に海外展開をしている。目覚ましい成長を遂げているフィリピン市場において国際輸送、物流の分野で、将来に向けての確固たる地位の確立を目指している。

　国内流通の中心として活用している最新鋭の物流センターは、マニラの中心から約45キロ、マニラ港から約40キロ、バタンガス港から約70キロに位置し、数多くの日系企業が進出しているラグナテクニパーク工業団地内で

MD Distripark Manila, Inc.

本格的自主物流センターとして動いている。

グループにとって海外で初となるwarehouse facility managementに取り組むMDDから、ダイトーコーポレーションの今後の海外事業における開発・展開の方向性を伺える。近年ではGreat Eastern Tug Corporationを通してタグボート事業も展開している。現地法人との合弁で現在2隻のタグボートを運行。今後増船を予定している。2隻目のタグボート「GREAT EAGLE」はマニラ港及びバタンガス港を中心に曳船作業に就役し、さらにフィリピンでのタグボート・サービスを積極的に事業展開していく予定である。

会社概要

会社名	：MD Distripark Manila, Inc.（MDD）
従業員数	：63名（うち日本人駐在員2名）
資本金	：Php 340,000,000.00
会社設立日	：1996
住所	：121 East Science Avenue Laguna Technopark Binan, Philippines
TEL	：63-49-541-1782
FAX	：63-49-541-1772
URL	：http://www.mdd.com.ph
E-Mail	：admin@mdd.com.ph, sales@mdd.com.ph
担当	：Takeji Sunayama〈takeji.sunayama@mdd.com.ph〉
事業内容	：総合物流サービス

企業名　**メトロポリタン銀行（メトロバンク）**

フィリピンの代表的ユニバーサルバンク
国内最大の８２８店舗と１７６０台のＡＴＭを展開

Metrobank

企業概要

メトロポリタン銀行（以下メトロバンク）は、フィリピンを代表するユニバーサルバンクである。１９６２年にジョージ・Ｓ．Ｋ．ティ氏により起業家の資金ニーズを満たし、共に発展する目的で設立。現在、幅広い総合的金融サービスを提供しており、顧客企業の発展の手助けと個人顧客の資産形成の手伝いをしている。

フィリピン国内だけでなく海外の金融専門誌等からの評価も高く、ユーロマネー誌からは、フィリピンにおけるベストバンクの表彰を２０１０年から３年連続で授与。国内最大の８２８店舗と１７６０台のＡＴＭを有し、海外の拠点は34にも及ぶ。

日本では１９９６年に東京支店が、１９９８年に大阪出張所が設立され、預金業務、外国送金業務、貿易業務、投融資業務を主に行っている。

以前は、フィリピン国内の支店網を活かし、個人の顧客の海外送金が中心だったが、フィリピンの政治・経済が安定してきていることから、法人の顧客も増えてきている。

信頼度No.1　設立50周年の実績が生む安定感

メトロバンクはフィリピンを代表する金融コングロマリットで、商業・ビジネスにかかる融資、投資関連サービス、小口個人金融、リース、保険（生命保険・損害保険）、クレジットカードなど様々な金融サービスを提供している。２０１２年12月末現在、総資産第２位（１・０４兆ペソ／２５０億ドル）、総資本第２位（１２００億ペソ（30億ドル））、時価総額２１５０億ペソ（50億ドル）である。また、店舗網は第１位で、フィリピン国内店舗８２８、ＡＴＭ１７６０台、海外拠点34、外国送金提携先１１６社を有している。

フェビアン・ディ頭取は30年以上に亘り財務、法人、個人などの金融業務を経験し、２０００年にメトロバンクへ入行以来、事務・支店部門、大手法人部門、組織再編などを担当してきた。２００６年よりフィリピン国内支店の統括を担当し、生産性の向上と効率化を実現した。２０１２年より頭取となり、メトロバンクカード（オーストラリアのＡＮＺとの合弁クレジットカード会社）の会長およびメトロ・レミッタンス・シンガポールの会長を兼務している。

ユーロマネー誌からフィリピンにおけるベストバンクの表彰を２０１０年から3年連続で受けるなど、フィリピン及び海外での金融専門誌等からの評価も高い。

日本向けの体制も確立

メトロバンクは、フィリピンの金融機関で最初に日本の大蔵省より銀行免許を付与された銀行で、１９９６年に東京支店、１９９８年に大阪出張所を設置した。外国送金（フィリピン向け中心）および円預金、貿易関係サービス、融資業務などを中心に行っている。特にフィリピン向け外国送金は、安全・迅速・低手数料のサービスを提供しており、多くの個人・法人の顧客が利用している。法人の顧客も着

実に増えており、トヨタ自動車、三井住友銀行、オリックスなど日本の大手企業と提携・合弁事業を行っている。

また、メトロバンクは本店に日系企業を専門に担当するジャパンデスクを設置している。ジャパンデスクは様々な専門家を備え、顧客担当、営業管理、送金、為替、運用のセールス、資金管理および貸出等のニーズに応えている。日系企業が多く進出している工業団地内や近辺にも支店があるうえ、地場銀行だからこそできる工場運営（人事・総務）関連の支払・決済、特にペソ建ての事業資金の決済などを強みとしている。

日系企業のフィリピン進出を支援

また、フィリピン進出を検討している企業向けにフィリピン情報・銀行取引についての情報、アドバイス等を提供している。本店ジャパンデスク・各支店・本部などとの緊密な連携で、日系企業のフィリピン進出の支援体制を確立している。２０１３年３月には国際協力銀行（ＪＢＩＣ）および日本政策金融公庫（ＪＦＣ）と中小企業の進出支援について提携を結んだ。

メトロバンクは２０１２年に設立50周年を迎え、その間に着々と積み重ねてきた信頼度はその実績によって証明済みである。フィリピン進出に必要不可欠な金融パートナーとしてメトロバンクを選べば間違いはないだろう。

会社概要	
会社名	：Metropolitan Bank and Trust Company（Metrobank）
代表者名	：フェビアン ディ
従業員数	：10,700 人
資本金	：1,200 億ペソ（29 億ドル）
会社設立日	：1962 年
住所	：Metrobank Plaza, Sen Gil J Puyat Ave, Makati City, Philippines
TEL	：（+632）8700-700
URL	：www.metrobank.com.ph
E-Mail	：investorrelations@metrobank.com.ph corpcom@metrobank.com.ph
事業内容	：フィリピンの代表的ユニバーサルバンク。国内最大の 828 店舗と 1,760 台のＡＴＭを有する。海外 34 拠点（支店、子会社、駐在員事務所）

企業名　RVJC Enterprises

手作り最高級木製鞄の製造
フィリピン独自の芸術性を活かしたブランド「ベラコレクション」

企業概要

RVJC Enterprisesは鞄をこよなく愛し、流行を生みだすことに優れた女性、ローナ・ベラ・クルス氏によってマニラに設立された鞄のデザイン／製造会社。同社はフィリピンの職人の独自性と芸術性、その作品の美しさに注目。製品を生み出し、質の高い多様な材料の特性を活かしたデザイン性の高い鞄を製造するため、ある木製鞄メーカーの合弁会社が製造部門を切り離し、設立したものである。マーケティング、販売、管理の経験を持つ創立者のローナ・ベラ・クルス氏は、その経験を駆使し、海外への輸出をターゲットに製品を製造することを決め、「ベラコレクション」というブランド名を掲げる。２００９年にフィリピン市場に参入したばかりのまだ若い会社ではあるが、そのこだわり抜いた製品に注目が集まっている。

フィリピンの職人魂が木製鞄に

フィリピン独自の芸術性と聞いて、どのようなイメージが浮かぶだろうか。数百年に渡るスペインやアメリカの支配下で、大きな影響を受けてきたフィリピン文化であるが、フィリピン独自の美しい芸術性は現在も尚、失われてはいない。

RVJC Enterprisesは、フィリピン人職人の独自性、芸術性と職人魂に絶対的な信頼をおいている。世界にハイクオリティー・ハイセンスの鞄を輩出するために、フィリピン人職人の持つ独創的なタッチが活かされた作風の製品を作っている。フィリピン人のルーツが想起されるデザインだ。

そのようなフィリピン土着の芸術性を最大限に活かしながら、現代の人々にも受け入れられるような作品を製作し、最先端の流行を生み出し続けることを理念に掲げている。

それぞれの製品は優れた職人技によって作られているだけでなく、耐久性と光沢性に優れたアカシアという木を用い、美しい仕上がりを可能にしている。アカシアは柔らかい木材であるため、芸術性の高い彫刻作品ができあがるのだ。

また、上塗りと塗装用にAnzahlという塗料を用いるなど、材料選びにも余念がない。一つ一つ手作りで、

丹精込めて作られているため、完成にひと月を要するが、それだけのこだわりが詰まった逸品だ。

　こだわりはその芸術性のみに発揮されているだけではなく、機能性や使いやすさも抜群だ。傷つきにくいという特徴も併せ持つ。エレガンスさも醸し出している同社の製品は、フォーマルな場でもカジュアルな場でも、人目をひくことだろう。友人・知人から羨ましがられることになるに違いない。

　そのハイセンスなファッションテイスト、エッジとユニークさを世界に広め、さらにその質を高めていくため、ドイツに代理店を構え、シンガポール、米国、キプロスに対して輸出を開始している。

　創立者兼社長であるローナ・ベラ・クルス氏は、Saint Benilde のデラサール大学で領事と外交について学んだ。その後、経済学とマネジメント学分野における経営管理学の修士号を取得している。また、CABA（Canadian Association of Business Administration）のアジア経営大学院（AIM:Asian Institute of

RVJC Enterprises

Management）でグローバル経営のミニマスターを修了した。金融プランナーの資格も保有している。

芸術以外の分野にもバックグラウンドを持つ彼女はそれを活かし、フィリピンの芸術性を世界に広めることにもそのセンスを発揮している。

そんな成長真っただ中のRVJC Enterprisesは、日本市場への参入も視野に入れている。フィリピンの手作り最高級木製鞄が日本の女性をも虜にする自信があるのだ。日本国内で同社の製品を目にすることができる日も近いかもしれない。

会社概要

会社名	：RJVC enterprises
代表者名	：Rhona S. Vera Cruz
従業員数	：正社員 5 名、契約社員 22 名
会社設立日	：2009 年
住所	：Manila east road Laguna, Philippines
TEL	：+632-994-8605 ／ +63-926-629-0115
E-Mail	：rhonaveracruz@yahoo.com
担当	：Rhona Vera Cruz
事業内容	：木製鞄の製造

企業名 **特定非営利活動法人ソルト・パヤタス**

貧しい人々の自立を支援
子どもや女性の可能性をのばすことに重点

企業概要

特定非営利活動法人ソルト・パヤタスはフィリピン・ケソン市パヤタス、カシグラハンというごみ山周辺のスラムに暮らす人々への支援を行っているＮＰＯ／ＮＧＯである。１９９５年に２人の日本人女性が中心になって設立し、日本人とフィリピン人の共同で運営している。主に、現地の「子ども」と「女性」を対象とし、子どものエンパワメント事業（奨学金支援）、女性収入向上事業に力を入れており、Atelier Likhaを立ち上げ、女性たちの製品を現地やオンラインショップ（http://likha.shop-pro.jp/）などで購入できるようにした。また、より多くの人に活動に参加してもらうため、女性収入向上事業を企業のＣＳＲの一環として活用してもらう取り組みや、スタディ・ツアー等を行っている。使命として、

１、貧困に苦しむ人々が、自己の能力の発見、向上を通して、自信と希望をもち、生活の向上を果たしていくための具体的支援を行う。

２、貧困問題の長期的解決に向け、学び、行動する人の輪を広げていくことを掲げている

きめの細かい支援・誰もが参加できる支援を

フィリピンのパヤタス、カシグラハンでは、貧困、強者から弱者への暴力的支配、強制立退き、そして、ごみ山から発生するダイオキシン等による環境汚染が存在する中で、多くの人が過酷な生活を強いられている。

この地で特定非営利活動法人ソルト・パヤタスは、一方的な援助ではなく、現地の人々の自立を念頭に置き、子どもや女性の可能性をのばすことに重点をおいて活動を行っている。１９９５年に子どものための奨学金支援としてスタートし、また、女性収入向上事業であるAtelier Likhaの活動が始まったのは、２０００年に起きたパヤタスでの大規模なごみ山の崩落事故がきっかけだった。約７００名もの人が亡くなる大惨事であったが、その事故を機に毎日運ばれてきていたごみはぴたりと止まってしまったため、住民たち人々はこの事故によって家族や家を失うだけでなく、収入源も失ったからだ。

クロスステッチ製品の製作で安定収入へ

小さな子どもを持つ女性でも、子どもの面倒を見ながらできる仕事を探し

ていたとき、ある日本人女性ボランティアから、クロスステッチを作りそれを売るのはどうかという案が出された。クロスステッチという刺繍の技法は、初めての人でも修得しやすいという利点があったからだ。

それをきっかけにクロスステッチ製品の製作、販売を通して、生活支援を行う活動を中心とした女性収入向上事業であるAtelier Likhaが誕生した。

生産者がごみ拾いに代わる安全な仕事で安定した収入を得ることに加え、生産活動やグループの運営を通じて、様々な能力や自信を身につけていくことを目的としている。

現在、約20名の女性たちが製作に携わっており、刺繍から製品の仕上げ、パッキングまで一貫して現地で行っている。刺繍5枚で家族の1日分の食費が確保できる。刺繍の一針一針には、母親たちの自立に向けた強い希望、子どもたちを学校に行かせ無事育て上げたいという思いが込められているそうだ。

彼女たちの製品は、現地やオンラインショップ（http://likha.shop-pro.jp/）などで購入することができる。

企業の社会的責任として、会社のロゴやオリジナルの柄を刺繍したタオル、バック、エプロンなどの注文も受けている。

機械刺繍とは違う手縫いの風合いがあり、オリジナルの柄でも少数単位で製作が可能となる。オリジナル柄や、フィリピンらしい柄との組み合わせ、アルファベットなど、様々な贈り物の状況に合わせて選ぶことができる。今後フィリピン、日本の双方でさらに広めていく予定となっている。

会社概要

会社名	：Atelier Likha 事業（特定非営利活動法人ソルト・パヤタス）
会社設立日	：1995 年
住所	：Unit 211 PM Apartment, #24 Matalino Street, Diliman, Quezon City, 1101,Philippines
TEL	：（63）-（2）-332-8415 ／日本語対応（63）915-462-3250（大井）
FAX	：（63）-（2）-332-8415
URL	：http://salt.or.tv/
E-Mail	：icontact@salt.or.tv
事業内容	：子どものエンパワメント事業（奨学金支援） 女性収入向上事業（社会企業）

企業名 **A.T.E Freights**

フィリピンで数少ない日系フォワーディング会社 流通のプロフェッショナル集団

企業概要

A.T.E Freights Phils は、フィリピンでは数少ない日系のフォワーディング会社。社歴20年とフィリピンでの豊富な経験を用いて、日本の通関士と梱包管理士の免許を持つマネージメントで日本的サービスを提供。

A.T.E. は正式なフィリピンのライセンスをもち、フィリピン国際海運貨物フォワーダー協会（PISFA）と航空貨物フォワーダーフィリピン社（AFPI）の組織の真正メンバー。パラニャーケ市、カビテ州カルモナ、クラークとバギオ市の４拠点でサービスを提供。流通のプロフェッショナル集団。

フィリピンでの日系フォワーディングの先駆者

１９９４年11月にA.T.E Freightsはマニラで駐在員事務所として設立したが、今では国際的な規模での多国間の相乗効果を強みとしている会社へと成長している。広範囲なローカルネットワークを持っているだけではなく、物理的にもマニラ近辺にある企業へのサービス提供ができる体制を整えている。国際・国内空港の近くであるパラニャーケ市にメインオフィスを構えており、日系企業が多く起業しているマニラの南にあるカビテ州のカルモナに事務所をもち、マニラの北の工業用地の中心であるクラークやバギオにもオフィスを構えている等、マニラの南北を難なくカバーできる。

高い品質を標準化した仕組みを確立

「お客様への我々のコミットメントは、弊社のノウハウと経験を最大に活用して迅速かつ最大の効率で、礼儀を重んじてサービスを提供することです。貨物ももちろん同じように扱います。」が会社のモットーである。

１２０人の経験豊富なプロフェッショナルがサービ

スを提供することで、顧客に品質を保証でき、標準化されたサービスを提供できるよう心掛けている。やはりその鍵は、人材とトレーニングだという。ベテランかつ優秀であり、献身的な人々を採用することで高い品質を提供でき、しっかりした研修プログラムによってA.T.E.の従業員一人一人が高く標準化された品質を保てる仕組みがある。

このような研修プログラムを介して厳しい顧客サービスの基準を維持し、最新の情報や方法に基づいた輸送および物流事業のビジネスを可能にしている。日本の通関士と梱包管理士の免許を持つマネージメントがいるからこそ組織中に品質意識が浸透しているようだ。

質の高いサービスで大手の顧客から信頼される

A.T.E.は物流業に提供しているサービスとしては次のようなものがある。国際・国内海運貨物フォワーディング、国際・国内航空貨物フォワーディング、海外・国内引越し取扱、木製梱包取扱、トラック運送業、倉庫業、重量物移動据付取扱、工場移転、事務所移転取扱、海上輸送の宅配便（日本からフィリピン向け）。

顧客には、味の素フィリピン、クラリオン、富士通テン、日立グローバルストーレッジ、イビデン、松下コミュニケーション、Mitsumi Philippines、Mitsuba Mfg. Phils.、ニッデックフィリピン、サンパワーフィリピン、サムスン、ネッスルフィリピン、Sumisetsu Philippines、大気社フィリピン、東芝フィリピン、ヤマハモータズ等があり、多くの大手から信頼をされている。

A.T.E.は、世界的なネットワーク、特に日本とアジア諸国のネットワークをもつエージェントと関係している。今後、フィリピンの投資が多くなるにつれ、物流サポートが需要も高まっていく。そんな中、日本語対応で日本的サービスが提供できる物流会社が現地にいることは心強い。

A.T.E Freights

会社概要

会社名	：A.T.E Freights Phils., Inc.
代表者名	：曽根　功樹
従業員数	：120 名
会社設立日	：1994 年 11 月 1 日
住所	：Unit 3B, Broadlands Building, P. Mayuga Street, Tambo Paranaque City, Metro Manila, Philippines.
TEL	：+63-2-854-8310 to 8312（Trunk Line）+632-852-1005（Balikbayan Box）+632-851-7565（Administration/Personal Effect）
FAX	：+63-2-851-0150
URL	：http://www.atefreight.com.ph/
E-Mail	：kokisone@atefreight.com.ph ／ takashisone@atefreight.com.ph
担当	：曽根　功樹、曽根　崇
事業内容	：国際･国内海運貨物取扱 、国際・国内航空貨物取扱 、海外・国内引越し取扱、木製梱包取扱、トラック運送業、倉庫業、重量物移動据付取扱、工場移転、事務所移転取扱、海上輸送の宅配便（日本からフィリピン向け）等

プロフィール

ブレインワークス

日本の中小企業に対し、人材教育、情報共有化、セキュリティなどの経営支援を行うと共に、アジアフィールドにて幅広く事業を展開。なかでもアジアにおける幅広い人材の育成事業を手掛ける。99年から進出しているベトナム・ホーチミンではＩＴ技術、日本語、ビジネスマナーを教える専門学校「SGBJ TECH Co.,Ltd.」を現地企業と合弁で設立。そのほか、アジア関連セミナーの開催や視察ミッションの主催、ウェブサイトやフリーマガジンにてアジアビジネス情報を発信している。

ブレインワークス：http://www.bwg.co.jp

アジアビジネス情報 Sailing Master.com：http://www.sailing-master.com

アイキューブ

日本企業の海外事業、特にフィリピンでの経営上不可欠な「信頼できる」情報提供（Information）、創業支援（Incubation）、及び投資の仲介、管理（Investment）の3つの"I"を提供する専門家グループ。

現地における経営関連法の対訳書を出版する他、フィリピン進出予定企業に対しては、設立形態の選択に関する相談から、設立業務、設立後の会計・税務まで、グループ内の専門会社を通じて一貫した支援サービスを提供している。また、フィリピン経済の中心地であるマカティ市内に会議室等を併設したレンタル・オフィスを設け、法人設立準備段階からの業務支援も行っている。

www.icube.php

フィリピン成長企業50社

2014年8月15日（初版第1刷発行）

編　著　ブレインワークス／アイキューブ

発行者　佐々木紀行

発行所　株式会社カナリア書房

〒141-0031　東京都品川区西五反田6-2-7 ウエストサイド五反田ビル3F

TEL　03-5436-9701　FAX　03-3491-9699

http://www.canaria-book.com/

装　丁　新藤　昇

DTP　伏田光宏（F's factory）

印刷・製本所　石川特殊特急製本株式会社

ISBN978-4-7782-0276-7 C0034

カナリア書房の書籍ご案内

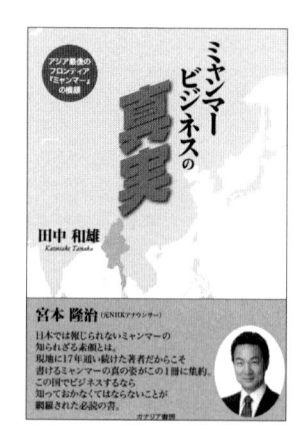

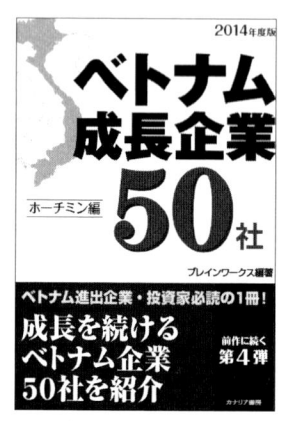

カナリア書房の書籍ご案内

2012年5月7日発刊
定価1500円（税別）
ISBN 978-4-7782-0222-4

ベトナム工業団地５０選

ブレインワークス 編著

ベトナムの工業団地比較にも最適!!
主要な工業団地の詳細データを掲載。

成長著しいベトナム。

ベトナムへの進出を検討する企業が知りたい、工業団地情報を一挙にご紹介。

工業団地に直接インタビューした情報もあり、現地視察前に得ておきたい基本情報がこの１冊に掲載されています。

2010年3月10日発刊
定価1200円(税別)
ISBN 978-4-7782-0133-3

ビジネスライフガイド
ベトナムホーチミン編 2010年度版
ブレインワークス 編著

ベトナムで活躍するビジネスパーソンに送るガイドブックの決定版

ビジネスパーソンの生活に欠かせない情報はこの１冊に詰まっている。

写真入りで地図も付いているので、買ったその日から使えるのが嬉しい。

カナリア書房の書籍ご案内

2010 年 8 月 20 日発刊
定価 1800 円（税別）
ISBN 978-4-7782-0154-8

ベトナム進出ベストパートナー 50 2010 ～ 2011 年度版

ブレインワークス 著

あなたのベトナムビジネスを成功させる、最高のパートナーが必ず見つかります。

会計事務所、法律事務所、不動産、人材。あらゆる業界の「ベストパートナー」を紹介するベトナム進出の必携書。
数ある現地企業・日系企業の中からとっておきの優良企業を厳選しました

2012 年 11 月 15 日刊行
定価 1200 円（税別）
ISBN 978-4-7782-0233-0

アジアビジネスベストパートナー ASEAN編　2012 ～ 2013 年度

ブレインワークス編著

アジアビジネスサポートの専門家を一挙ご紹介 !!

今アジアをテーマに、各メディアが取り上げる機会が増えています。その背景には、日系企業がさらに海外、特にアジアに目を向けているからです。
書籍の中では、アジア進出時に心強い専門家を一挙に紹介しています。

カナリア書房の書籍ご案内

なぜ、中小企業がアジアビジネスを手がけると上手くいかないのか？この１冊に問題解決のヒントが!!

アジア人材活用のススメ

ブレインワークス　近藤　昇 著

2013 年 1 月 10 日発刊
定価 1400 円（税別）
ISBN 978-4-7782-0238-5

**創業以来アジアビジネスに関わり続ける著者が書き下ろす
成功の秘訣とは？**

いまや中小企業も生き残りのためにはアジアへ目を向けざるを得ない。その現状に気付いている経営者もいるが、実際アジアビジネスを手がけると上手くいかず苦戦を強いられている。
なぜなのか？

文化が違う？法律の問題？

ポイントは「現地人」をいかに活用するかなのだ。
現地人材を育て、活用することこそが、アジアビジネス成功には必須条件となる。そのポイントを余すとこなくお伝えします。

カナリア書房の書籍ご案内

これからの日本企業にとってアジアグローバルの視点は欠かせない！
そのヒントがこの１冊に凝縮！

だから中小企業のアジアビジネスは失敗する

ブレインワークス　近藤　昇 著

2013 年 2 月 14 日発刊
定価 1400 円（税別）
ISBN978-4-7782-0242-2

日本全国の中小企業は今後のビジネス展開において、
アジア進出が欠かせない経営戦略となる中、
多くの企業が進出に失敗してしまっているのが事実である。
自身も 14 年前からベトナムに進出をし、
アジアビジネスを知り尽くした著者が具体的なノウハウを伝授。